유럽 열 개의 길

로마에서 런던까지
이어지는

서유럽 역사 여행기

글·사진 **이상엽**

유럽
열 개의
길

크록

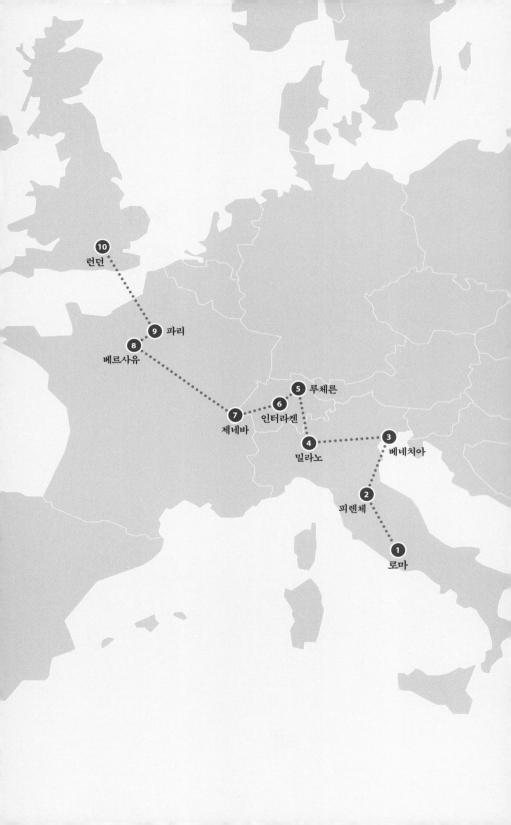

이정표 앞에서

한때 무작정 전 세계를 돌아보자는 큰 포부를 안고 길을 떠났다. 원 없이 여행하고 다시 원점으로 돌아왔을 때 더는 여행 때문에 아쉬워할 일은 없을 줄 알았다. 그러나 아쉬움은 감기처럼 틈만 나면 고개를 들고 찾아왔다.

이제는 여행을 업으로 삼아 혼자가 아닌 패키지 투어 손님들과 함께 세계를 여행한다. 언젠가 유럽 투어를 끝마치고 한 손님이 내게 말씀하셨다. "여행이 끝나고 보니 유럽의 역사와 문화에 관심을 가졌다면 지금껏 여행했던 것과는 전혀 다른 관점으로 그들을 볼 수 있었을 것 같은데

귀중한 기회를 놓친 것 같아 아쉽네요. 내 인생에 마지막이 될 수도 있는 유럽 여행인데 말이죠". 이 말을 듣자 한동안 잊고 지냈던 아쉬움이 다시 수면 위로 올라왔다. 손님과 내가 여행했던 시간과 공간은 달랐지만, 여행 후 느낀 아쉬움은 같았다. 그 아쉬움은 여행하는 내내 유명 관광지 같은 나무에만 집중하느라 정작 역사와 문화가 이룩한 전체 숲을 못 본 것에서 비롯되었다. 큰 그림을 보지 못했기 때문에 여행의 기억들은 유기적으로 연결되지 못한 채 새로운 생각을 만들지 못하고 파편처럼 흩어져 버렸다.

　서유럽은 유럽 중에서도 단연 가장 많은 사람이 찾는 곳이다. 이곳을 방문하려는 여행객이 나와 같은 아쉬움을 남기지 않기를 바라는 마음에서 서유럽이라는 큰 숲을 보여주고자 이 책을 썼다. 특히 서유럽 패키지투어를 계획하고 있거나 혹은, 보름 정도의 짧은 기간을 이용해 개별로 서유럽을 돌아보려는 독자에게 이 책은 많은 도움이 될 것이다. 서유럽에서 가장 인기 있는 열 개의 도시로 범위를 한정했고, 가능한 연대기적 서술을 지향해 작게는 도시별 변화의 모습, 크게는 서유럽의 형성과정을 쉽게 이해할 수 있도록 구성했기 때문이다.

　이 책은 딱딱한 교과서처럼 역사적인 사실을 기계적으로 서술하며 공부하자고 다짜고짜 독자를 붙들지 않는다. 또한, 천편일률적인 관광지 안내 책자처럼 맛집, 숙박 등의 정보도 없다. 오로지 오랜 기간 유럽을 여행하며 손님들이 아쉬워했던 부분들과 내가 손님의 입장이 되어 유럽을 이해하는 데 필요하다고 생각했던 내용만을 실었다.

이제 독자는 열 개의 길을 통해 서유럽이라는 매력적인 숲을 만나러 떠난다. 이 길은 네 개의 부분으로 나뉜다. 첫 번째는 이탈리아를 관통하는 네 길이다. 문명의 횃불을 들어 유럽에 어둠을 밝혔던 로마가 그 시작점이다. 이어 신 중심의 사회였던 중세를 지나 다시 인간의 시선으로 세상을 바라봤던 피렌체로 연결된다. 길은 새롭게 자각한 인간의 잠재력이 최고조로 발현되었던 베네치아를 돌아 모든 이탈리아의 길을 하나로 통일하고자 했던 밀라노까지 연결된다. 이 모든 길이 비로소 하나로 연결되어 살아 숨 쉬는 이탈리아의 대동맥이 된다.

두 번째는 알프스를 넘어 스위스를 통과하는 세 길이다. 알프스의 웅장함을 조망하는 최고의 장소로 많은 사람에게 영감을 주었던 루체른에서 길은 시작된다. 이어 거친 자연환경을 개척하고자 고군분투했던 인터라켄을 지나, 관용의 정신으로 인도주의를 실천했던 제네바까지 길은 연결된다.

세 번째는 고대부터 로마의 문화를 착실히 받아들였던 프랑스를 통과하는 두 길이다. 문화의 힘이 무엇인지를 보여준 베르사유에서 길은 시작되어 프랑스 대혁명으로 근대의 문을 활짝 열어젖혔던 혁명의 심장 파리에 다다른다.

마지막은 도버해협을 건너 영국을 통과하는 길이다. 영국은 전 세계에서 가장 먼저 산업화에 성공해 해가 지지 않는 제국으로 성장했다. 그 중심에 있었던 도전과 혁신으로 가득 찼던 런던에서 길은 끝난다.

로마에서 시작해 런던에서 끝나는 열 개의 길은 중간에 끊어지지 않고 하나로 연결되어 과거와 현재를 연결하는 거대한 역사의 축이 된다. 이로써 유럽은 새로운 생명을 얻어 살아 숨 쉰다. 길의 끝에서 맥박이 요동치는 역동적인 숲을 꼭 만나게 되기를 바란다. 아울러 숲 너머 아스라이 보이는 곳까지 시야를 넓히고, 세상을 이해하는 경계를 더욱 확장하길 기원한다. 그런 마음으로 정성을 다해 썼다.

가을의 길목에서

이상엽

일러두기

1 인물명과 병기된 연대는 모두 생몰 연대이며 재위 · 임기 기간인 경우 '재위 · 임기'라고 표기함.

2 중요한 인명, 관직명 등 고유명사는 원칙적으로 처음 1회에 한하여 원어를 적었으며, 강조해야 할 필요가 있을 때 다시 한번 표기. 지명은 일반적으로 원어 병기를 하지 않되 필요할 경우 함께 표기함.

3 외래어 표기는 외래어 표기법을 따르되 이름의 경우 되도록 현지 원어 발음을 살려 표기함.

4 '성베드로'와 '바울' 등 한국식 표기가 일반화된 기독교 성인들은 한국식 표기를 따름.

5 도서는 『 』, 영화 · 드라마 · 시 · 그림 · 조각은 〈 〉, 음악 · 오페라는 「 」로 표기함.

아홉 번째 길
파리,
혁명의 길

열 번째 길
런던,
진보의 길

로마, 문명의 길

"로마인이여. 너는 명심하라.
권위로써 여러 민족을 다스리고,
평화를 관습하고,
패배한 자들에게는 관대하고,
교만한 자들은 전쟁으로 분쇄하도록 하라"

– 『아이네이스』, 베르길리우스

팔라티누스 언덕,
로마의 탄생

　　　　로마 시내 곳곳에서는 어미 늑대의 젖을 먹고 있는 쌍둥이 형제의 조각이나 그림을 심심찮게 만난다. 고대 로마의 역사가 리비우스에 따르면 쌍둥이는 로물루스와 레무스 형제로 형인 로물루스의 이름에서 '로마'라는 이름이 시작되었다.

　　로마 여행의 기점이 되는 콜로세움에 도착하면 그 주변으로 솟아있는 여러 언덕이 보인다. 그중 한 곳인 팔라티누스Palatinus 언덕에서 기원전 753년 로마의 역사는 시작된다. 건국 초반 내내 로물루스의 주된 관심사는 인구 증가였다. 로마에는 혈혈단신의 남성들만 넘쳐났기 때문이

∧ 로물루스와 레무스.
  스페인 세고비아에서 만난 늑대 젖을 먹는 쌍둥이 형제

다. 이에 대한 해결책으로 오늘날 시청이 위치한 카피톨리누스Capitolinus 언덕으로 올라가는 길 근처 공터에 보호시설을 만들고 인근의 도망자나 노예를 적극적으로 받아들였다. 심지어 주변 사비니 부족을 축제로 유인해 부녀자를 납치하는 과감성까지 보여주기도 했다. 대제국으로 부상할 로마의 시작은 이렇듯 한없이 초라했다.

초대 로마 황제였던 아우구스투스Augustus, 재위 BC27~AD14는 도망자와 노예로 시작된 건국 역사가 새롭게 도약하는 제국의 위상에 맞지 않는다고 생각했다. 그리스의 호메로스를 잇는 당대 최고의 시인 베르길리우스는 황제의 깊은 의중을 파악하고 로마 건국 대서사시 『아이네이스 Aeneis』를 썼다. 이 서사시에서 로마의 역사는 기원전 13세기에 벌어졌던 트로이아 전쟁 시기까지 무려 5세기나 거슬러 올라간다. 이로써 로마는 그리스와 어깨를 나란히 할 수 있는 영웅시대의 역사를 갖게 되었다.

그리스 연합군에 의해 트로이아가 불탈 때, 그곳에서 간신히 빠져나온 인물이 있었다. 그는 올림포스 12신 중 한 명이었던 미美의 여신 베누스와 트로이아의 왕족 앙키세스의 아들로, 트로이아 전쟁 당시 영웅 헥토르와 함께 무훈을 자랑했던 아이네아스Aeneas였다. 그는 가족과 남은 트로이아 유민을 이끌고 7년간 지중해를 방황한 끝에 이탈리아 서해안에 상륙했고, 그곳 원주민과의 갈등을 극복한 후 마침내 라비니움이라는 나라를 세웠다. 이후 아이네아스의 아들 이울루스는 더 큰 꿈을 품고 독립하여 알바 롱가Alba Longa를 세워 자신의 아버지를 계승한다.

300년의 세월이 지나 전쟁의 신 마르스는 숲속에서 잠을 자던 레아 실비아라는 알바 롱가 왕녀에게 반해 그녀와 동침하기에 이른다. 그녀는 왕위를 찬탈한 숙부에 의해 강제로 여사제가 되어 간신히 목숨을 연명하던 상태였다. 마르스와 레아 실비아 사이에서 태어난 쌍둥이가 로물루스와 레무스 형제이며 그들의 혈관에는 인간과 신의 피가 함께 흐르고 있었다.

로마 신화는 여기에 극적 서사를 더한다. 레아 실비아의 숙부는 후환을 없애기 위해 쌍둥이를 바구니에 담아 강에 버렸고 어떻게 때맞춰 나타난 암늑대가 이들을 발견하고 젖을 먹여 키운다. 시련을 극복하고 건장하게 자란 쌍둥이 형제는 자신들의 과거를 알게 되었고, 자신들을 죽이려 했던 할아버지를 물리치고 종국에는 로마를 건국한다.

베르길리우스에 의해 건국 신화를 갖게 된 로마는 노예나 도망자가 모여 시작된 역사를 깔끔히 청산하고 신의 혈통을 가진 신성한 나라로 격상되었다. 워낙 완벽주의자였던 베르길리우스는 자신의 작품이 아직 부족하다고 생각했던지 한때 불태워 없애버릴 생각마저 했지만, 이 사실을 알게 된 황제에 의해 천만다행으로 세상에 빛을 볼 수 있었다. 이렇게 힘겹게 만들어진 건국 신화였지만 5세기 로마가 이민족에 의해 멸망하자 함께 땅속에 묻혀 버렸다. 그러나 천 년이 지나 나타난 피렌체 출신의 또 다른 완벽주의자가 영영 사라질 뻔했던 로마를 암흑에서 끄집어올려 재탄생시켰고, 인류는 유럽이 걸어왔던 문명의 길을 되짚어 볼 엄청난 기회를 얻게 되었다.

포룸 로마눔,
로마의 초석을 다진 왕의 시대

로마는 하루아침에 만들어지지 않았다. 1,300년 동안 시간의 벽돌을 매뉴얼에 따라 정교하게 쌓아 올려 인류 역사상 전무후무한 제국을 탄생시켰다. 로마의 유적은 오늘까지 살아남아 도심 곳곳에 흩뿌려져 있다. 놀랍게도 일부 시설은 이천 년이 지난 현재까지도 사용된다. 그들은 로마를 건설할 때 유효기간이라는 것을 생각하지 않았다. 로마의 역사는 과거의 한 점이 아니라 현재까지 선으로 이어져 도시를 더욱 역동적으로 만든다.

로물루스로 시작해 244년간 일곱 명의 왕이 다스린 시대는 로마의 유년기였다. 건국 초기의 인구 부족은 당면한 가장 큰 문제였다. 우선 주변 지역에서 많은 사람이 로마를 찾을 수 있도록 유도하는 공적인 공간이나 시설이 필요했다. 또한, 시민의 억압된 욕구를 해소해 줄 수 있는 오락 시설도 빼놓을 수 없었다.

로물루스는 팔라티누스 언덕과 카피톨리누스 언덕이 만나는 습한 저지대를 눈여겨봤다. 그는 그곳 습지를 흙으로 메꾼 다음 '시장'이란 뜻의 '포룸Forum'을 건설했다. 시간이 지나자 주변 언덕의 주민들이 포룸으로 내려와 서로 교역하면서 자연스럽게 시장이 형성되었다. 사람들이 모이고 인구가 늘어나자 포룸에 공공건물이 들어섰고 이내 복합문화공간으로 발전한다.

∨ 포룸 로마눔. 로마 시대 정치, 문화, 경제의 중심지이자 복합문화공간이었다.

부족국가 수준을 벗어나지 못했던 로마는 제5대 왕 타르퀴니우스 프리스쿠스Tarquinius Priscus, 재위 616~579 시기부터 크게 도약했다. 그는 로마가 건국되기 전부터 이탈리아에서 터줏대감 역할을 했던 에트루리아Etruria 출신으로, 그들의 선진화된 문명을 로마에 적극적으로 이식했다.

우선 타르퀴니우스는 시민들을 위한 대규모 오락 시설을 기획한다. 팔라티누스 언덕과 아벤티누스Aventinus 언덕 사이의 늪지대 물을 빼고 그곳에 원형 대전차 경기장인 키르쿠스 막시무스Circus Maximus를 만들었다. 영화 〈벤허〉에서 선보인 박진감 넘치던 전차 경주가 이곳에서 펼쳐졌다. 일상에 지친 로마 시민들은 이곳에서 사두마차 경주를 보며 열광의 도가니에 빠져들었다.

주변 부족과의 전쟁을 승리로 이끈 왕은 로마의 위엄을 대외적으로 보여주기 위해 카피톨리누스 언덕에 최고신 유피테르를 위한 신전 건축을 명한다. 또한, 포룸 주위에 깊은 배수구를 조성해 상습 침수를 예방했다. 포룸에 시장, 상점, 공공건물이 들어서며 활기를 띠자 주변의 그리스, 페니키아 상인들이 무역을 위해 찾아왔다. 점차 이곳은 로마 사회 전 분야의 핵심 역할을 담당하는 '포룸 로마눔Forum Romanum'으로 발전한다.

마지막 제7대 왕에 이르러 유피테르 신전이 완공되자 로마는 마침내 도시국가의 위엄을 갖추게 되었다. 로마로 들어오는 외지인은 도시에서 가장 높은 언덕 위에 장엄하게 서 있는 신전을 보며 감히 불온한 마음을 먹기 힘들었을 것이다. 로마는 더 이상 여러 부족이 짜깁기된 오합지졸의 부족국가가 아니었다.

　로마 왕정 시기에 만들어졌던 건축물들은 콜로세움에서 걸어서 돌아볼 수 있는 가까운 거리에 모여있다. 대전차 경기장에서의 열광적인 함성과 포룸 로마눔 광장의 시끌벅적함, 유피테르 신전에서 울려 퍼지던 경건한 기도 소리는 세월의 흐름과 함께 사라졌다. 이제 그 공간은 관광객들이 내뿜는 열기로 가득 채워졌다. 여전히 로마는 활기차고 역동적이다.

세르비우스 성벽,
공화국 경계를 허물고 대외로 진출하다

　　누구나 인생을 살아가면서 자의든 타의든 독립을 해야 할 때가 온다. 홀로서는 과정에서 필연적인 고통이 따르며 시행착오로 인한 숙고의 시간도 필요하다. 자신을 보호하고 있던 성벽을 허물어야 새로운 세상으로 나갈 수 있다. 로마도 용기를 가지고 도시를 둘러싼 성벽을 스스로 허물어 버리자 더 넓은 세계로 눈을 돌릴 수 있었다.

　　로마의 제7대 왕이었던 타르퀴니우스 수페르부스Tarquinius Superbus, 재위 534~509가 오만한 정치와 무리한 토목공사를 일삼자 시민들은 분노하기 시작했다. 왕의 아들 섹스투스가 동료의 아내 루크레티아를 범하자 마침내 대중의 그 분노는 폭발했다. 시민들은 이백 년 이상 계속된 왕정을 거치며 견제되지 않는 권력은 부패한다는 것을 깨닫고 기원전 509년 왕을 몰아냈다. 이로써 로마는 300인의 원로원과 1년 임기의 집정관 두 명이 통치하는 공화정 체제로 새로운 역사를 시작한다.

자신들의 운명을 결정할 새로운 정치체제를 선택한 로마는 이탈리아 전체로 점차 세력을 확장해나갔다. 그러나 스스로에 대한 자신감이 생길 즈음 북쪽에서 내려온 전대미문의 야만족이었던 갈리아 군대에 의해 로마는 철저히 함락된다. 살아남은 시민들은 최후의 보루였던 카피톨리누스 언덕에 올라 유피테르 신에게 기도하며 최후의 항전을 준비했다.

로마는 아직 망할 운명이 아니었다. 시민들이 거만하다며 쫓아버렸던 카밀루스 장군이 기적처럼 로마를 구하러 군대를 모아 돌아온 것이다. 장군은 황금을 내놓으면 포위를 풀고 돌아가겠다는 갈리아 군대의 수장을 만나 "로마는 금이 아니라 철로 나라를 지킨다"라며 일침을 가한다. 그리고 예리하게 벼려왔던 그 철로 야만족을 몰아내며 로마는 절체절명의 위기에서 벗어날 수 있었다. 카밀루스 장군은 로마의 제2 창건자라 불릴만했다.

갈리아 군대가 떠난 로마는 처참하게 파괴되어 더는 희망이 보이지 않았다. 하지만 로마인은 잔해를 헤치고 쓰러진 기둥을 다시 일으켜 세

윘다. 일곱 개의 언덕을 둘러싸는 세르비우스 성벽을 다시 쌓고 보강하여 이민족 침입에 대비했다. 지금도 로마의 테르미니역 부근에 성벽 일부가 남아 있어 당시 야만족 침략이 로마인에게 얼마나 큰 충격이었는지 확인할 수 있다.

로마는 성벽을 세웠지만, 그 안에서 안주하지 않았다. 재건된 로마를 중심으로 이탈리아 전역에 아피아 가도Via Appia와 같은 포장도로가 뻗어 나갔다. 이 도로를 타고 군대와 물자가 신속하게 이동해 적을 섬멸했고, 주변 동맹들과의 관계도 굳건히 다졌다. 오늘날 나폴리로 가는 고속도로를 달리다 보면 로마인이 사랑했던 우산 소나무 가로수가 소실점을 만들고 있는 아피아 가도의 흔적을 볼 수 있다.

로마가 겪었던 고통과 시련의 시간은 헛되이 흘러가지 않았다. 로마는 실패에서 교훈을 얻었고, 기원전 3세기에 이르러 마침내 이탈리아를 통일한다. 그리고 고개를 들어 멀리 지중해를 바라본다. 그곳에는 해상 무역으로 지중해 패권을 쥐고 있던 카르타고가 버티고 있었다. 한때 로마는 카르타고의 명장 한니발Hannibal Barca, BC247~BC183 장군이 이탈리아로 쳐들어와 위기의 순간을 맞기도 했다. 하지만 한 세기가 넘는 기간 세 차례 벌어진 포에니 전쟁BC264~BC146을 모두 승리로 이끌며 이탈리아를 넘어 지중해 지역의 최강자로 등극했다. 로마는 고난을 이겨내면서 더욱 진화하고 있었다.

∧ 테르미니역에 남아있는 세르비우스 성벽의 잔해

기원전 58년, 카이사르Julius Caesar, BC100~BC44는 갈리아 지역 원정을 통해 3세기 전 로마에 굴욕을 안겨줬던 야만족을 복속시켰다. 그는 주변의 경쟁자들을 제거하면서 로마 최고 권력의 자리에 한 걸음씩 다가갔다. 마침내 종신독재관이 되어 실질적인 로마의 일인자가 되었으나 한 달 뒤 공화파인 브루투스에 의해 암살당한다. 카이사르가 죽자 내전이 시작되었다. 카이사르의 양자 옥타비아누스는 악티움 해전에서 안토니우스와 이집트 연합함대를 물리치고 피비린내 진동했던 내전을 종식 시켰다. 평화가 찾아오자 로마는 700년 전 아르길레툼Argiletum에 건설했던 야누스 신전의 문을 비로소 닫을 수 있었다.

청년기에 해당하는 공화정기는 시행착오가 많았지만, 꾸준히 내부 역량을 쌓아갔던 시기였다. 성벽을 세웠으나 그 안에서 머무르지 않고 진취적으로 나아가 지중해의 카르타고와 북방의 갈리아를 정복하고 지중해 전역의 패권을 거머쥐었다. 이탈리아를 넘어 세계를 향해 나아가는 로마에 성벽은 거추장스러운 경계석에 불과했다. 감히 로마제국을 쳐들어올 어떤 나라도 지중해에 남아 있지 않았기 때문이다. 더욱 원숙해진 로마는 최고의 전성기를 향해 달려간다.

로마 시내를 걷다 보면 카페에 삼삼오오 모여 에스프레소 한잔을 들고 심각한 표정으로 토론을 벌이고 있는 많은 현지인을 보게 된다. 현란한 손동작과 심각한 표정은 뭔가 큰일이 일어난 듯 보인다. 그러고는 3분 이내에 서로 웃으며 휙 사라진다. 그들의 모습에서 야만족의 침략으로 황폐해진 도시를 재건하고 종국에는 지중해 전역을 제패했던 로마인의 진지함과 호방함이 느껴지곤 한다.

판테온,
제국의 이상을 담은 거대한 그릇

베네치아광장에서 콜로세움까지 일자로 뻗은 길인 '비아 데이 포리 임페리알리' 좌우에는 카이사르, 아우구스투스Augustus, 재위 B27~AD14, 트라이아누스Traianus, 재위 98~117, 네르바Nerva, 재위 96~98 등 제국 초기의 황제들이 자신들의 업적 홍보를 위해 건설했던 포룸과 그곳을 가득 채웠던 건축물의 흔적이 남아 있다. 제국을 선포한 로마의 위상이 얼마나 높았는지 남아 있는 일부 유적만으로도 짐작할 수 있을 정도다.

지중해 패권을 차지한 로마는 다시 한번 정치체제를 바꾼다. 기존의 공화정체제로는 급변하는 국제 정세 속에서 신속하고 일관성 있게 정책을 추진해나가기 쉽지 않았다. 계속된 전쟁으로 빈부 격차는 심해졌고 서민들의 삶은 더욱 황폐해졌다. 누군가 강한 리더십으로 로마를 이끌어 갈 영웅이 나오길 바라고 있었다. 독재자 카이사르가 암살당한 후 시작된 20년 동안의 내전을 마무리 지은 영웅이 마침내 탄생했다.

기원전 27년, 원로원은 옥타비아누스에게 사람에게 부여할 수 있는 가장 높은 아우구스투스'존엄한 자'라는 뜻라는 칭호와 함께 절대권력을 부여했다. 로마는 아우구스투스 초대 황제를 중심으로 원로들이 보좌하는 제정체제로 진입한다. 제국의 확장과 함께 황제들의 치적을 홍보하는 화려한 건물이 로마 곳곳에 들어서면서 벽돌의 도시가 화려한 대리석의 도시로 변했다.

문명의 수도 로마로 사람들이 몰려들자 이내 인구 100만 명을 가진 세상에서 가장 큰 도시로 성장했다. 이는 19세기가 되기 전까지 그 어느 도시도 도달하지 못했던 엄청난 규모였다. 이 많은 인구가 함께 살아가기 위해서는 깨끗한 물의 공급은 필수적이었다. 기존의 지하수나 테베레강물로 더는 수요를 감당할 수 없게 되자 로마 근교에서 수맥을 찾아 고가 수로를 세워 도시까지 물을 끌어왔다. 가장 먼 곳은 로마에서 무려 91km나 떨어져 있었는데, 이는 당시 로마의 공학기술이 얼마나 뛰어났는지를 단적으로 보여주는 사례다.

제국 최전성기에는 로마로 들어오는 11개의 수로에서 공급되는 물의 양이 시민 1인당 하루 약 500L 정도였는데, 이는 오늘날 일반 대도시와 같은 수준으로 로마는 물의 제국이기도 했다. 도시 곳곳에 복합문화 공간인 공중목욕탕이 들어섰고 그곳에서 시민들은 자유와 평등을 맛볼 수 있었다. 목욕탕은 다양한 계층의 시민들이 우발적으로 만날 수 있는 공적 공간이자 북방의 냄새 나는 야만족과 구별되는 문명의 상징이기도 했다.

64년 7월, 로마에서 발생한 대화재는 도시의 모습을 바꾼 직접적 원인이었다. 9일 동안 계속된 화재로 도시의 절반 이상이 잿더미가 되었다. 당시 황제였던 네로Nero, 재위 54~68는 구호시설을 마련하여 적극적으로 이재민을 도왔다. 도시가 재건되기 시작했고 불에 잘 타지 않는 내구성이 좋은 콘크리트가 건축에 본격적으로 사용되었다.

황제의 노력에도 불구하고 민심은 이미 떠난 상태였다. 로마 역사가 타키투스에 따르면 시민들은 "네로가 수도가 한창 불타고 있을 때 저택 내의 사설 무대에 올라서서 눈앞의 화재를 구경하면서 이것을 태곳적의 불행과 비교하며 '트로이아의 함락'을 노래하고 있었다"라고 의심했다. 게다가 재로 변해버린 자리에 네로의 황금 궁전Domus Aurea이 무려 세 개의 언덕에 걸쳐 건설되는 것을 보자 시민들의 의심은 확증으로 굳혀졌다. 민심이 떠나자 우려했던 내전이 발생했고 결국 황제는 자살로 생을 마감했다.

　다음 황제였던 베스파시아누스Vespasianus, 재위 69~79는 네로의 인공 연
못이 있던 자리에 물을 빼고 그곳에 5만 명의 관람객 수용이 가능한 대
형 원형경기장 콜로세움Colosseum을 건설했다. 그는 민심을 잃어 비참한
최후를 맞이했던 전임 황제와 자신은 다르다는 것을 시민들에게 보여주
고자 했다. 베스파시아누스는 매일 진행되는 죽고 죽이는 검투사 경기,
모의 해전 등 다양한 행사를 개최함으로써 네로의 폭정으로 지쳤던 시
민들을 위로했다. 콜로세움은 로마에서 가장 눈에 잘 띄는 곳에 만들어
졌다. 로마에서는 그 어떤 황제라도 민심이 떠나면 그 권력은 지속할 수
없다는 것을 늘 상기하기 위함이었을까.

　이후 황제들은 시민들이 증오했던 네로의 황금 궁전을 밀어버리고 그
자리에 목욕장을 만들었다. 황금 궁전은 땅속에 묻혔다가 르네상스가 한
창인 15세기에 발굴된다. 사람들은 깜짝 놀랐다. 그 안에서 최상 품질의
헬레니즘 조각상과 벽화가 다수 발굴되었기 때문이다. 이는 19세기 폼
페이가 발굴되기 전까지 고대 로마의 발전상을 생생히 살펴볼 수 있었
던 최고의 유적이었으며, 16세기 로마에서 르네상스가 꽃피게 되는 기
폭제였다. 이로써 로마는 멸망 후 천 년 만에 다시 유럽의 문화와 예술의
중심지로 우뚝 설 수 있었다.

∧ 판테온. 로마가 멸망하고 많은 건물이 헐려 나갔을 때
  판테온은 교회로 이용되었기 때문에 다행히도 오늘까지 보존될 수 있었다.

기원후 96년부터 180년까지 다섯 황제가 다스렸던 오현제五賢帝 시대는 로마 역사상 최고로 평화로웠던 시기이자 가장 넓은 영토를 영유했던 시절이었다. 이 시기 발견되는 기념비적인 건물은 세상의 모든 신을 모시는 판테온Pantheon이다. 기원전 27년 집정관 아그리파에 의해 건설되었으나 화재로 소실되었고, 기원후 125년경 하드리아누스Hadrianus, 재위 117~138 황제가 오늘날의 모습으로 새롭게 재건했다. 무려 4,500t 무게의 콘크리트 돔 지붕이 43m나 되는 커다란 공간을 덮었다. 세상에서 가장 큰 기둥이 없는 공간이 만들어졌고 그곳에 로마제국의 기상이 담겼다. 판테온은 1,300년 후에 피렌체와 로마에 건설될 또 다른 돔 지붕의 훌륭한 교범이 될 터였다.

　건국 700년 만에 로마는 역사상 최고의 위치에 섰다. 300년 전 외적 방어를 위해 쌓았던 성벽은 로마의 확장을 위해 일부 철거되었다. 제국이 외세의 침략을 받는다는 것은 상상조차 할 수 없었기 때문이다. 세상의 거친 풍파를 모두 이겨내고 중년기로 접어든 로마의 앞날에 장애물이란 존재하지 않았다. 한편, 로마의 변경에서 이민족의 침입이 잦아졌고 작은 소요들이 나비효과처럼 거대한 태풍이 되어 로마의 심장부로 향하고 있었다.

콘스탄티누스 개선문,
로마제국의 황혼 녘

콜로세움 서쪽에 만남의 장소로 애용되는 콘스탄티누스 개선문은 늘 관광객으로 북적인다. 개선문은 웅장하고 화려하지만, '포룸 로마눔' 안에 들어가지 못하고 덩그러니 서 있는 모습에서 쓸쓸함이 느껴지기도 한다. 삶과 죽음은 늘 함께 공존하듯 로마의 번영과 쇠망도 종이 한 장 차이였다. 제국의 영광을 대변했던 개선문이 동시에 쇠망을 알리는 신호탄이 될지는 아무도 짐작조차 할 수 없었다.

로마 역사상 가장 번영했고 평화로웠던 시절은 오현제의 마지막 황제 마르쿠스 아우렐리우스Marcus Aurelius, 재위 161~180를 끝으로 막을 내렸

∧ 콘스탄티누스 개선문. 콘스탄티누스 1세가 수도를 동방의 비잔티움으로 옮기자
제국의 수도 지위를 잃어버린 로마는 급격히 몰락하기 시작했다.

다. 그동안 로마가 이룩한 위대한 성과는 이후 등장한 황제들에게 오히려 독으로 작용했다. 로마 주변의 적과 경쟁자가 모두 사라져 버리자 그들의 이상은 꿈으로 전락했고 성취동기는 거세되었다. 목적을 잃은 황제들은 사치와 향락을 탐하고 엽기적인 행동을 일삼았다. 이 때문인지 제명에 못 죽는 불운한 황제들이 연이어 등장한다.

철인 황제 마르쿠스 아우렐리우스의 아들 콤모두스Commodus, 재위 177~192는 헤라클레스 분장을 한 채 사람들이 모여있는 투기장으로 들어가 이유 없이 동물들과 검투사들을 죽였고, 결국 그도 비명에 갔다. 로마 최초 아프리카 출신 황제로 눈길을 끌었던 셉티미우스 세베루스의 아들 카라칼라Caracalla, 재위 198~217는 스스로 알렉산드로스 대왕의 환생이라 믿고 명분 없는 동방 전쟁으로 로마를 끌어들여 국력을 소진했고, 그 역시 암살당해 생을 마감했다. 아벤티누스 언덕 남쪽에 당시 복합문화공간 개념의 거대 욕장만이 그가 한때 황제로 재위했음을 쓸쓸하게 보여준다.

3세기 중반, 황제 아우렐리아누스Aurelianus, 재위 270~275는 이민족 침입에 대비하여 로마에 다시 성벽을 쌓았다. 이로써 북방의 갈리아 군대 침략 이후 600년 동안 성벽이 없어도 불안에 떨지 않고 살아가던 시절은 끝나고 말았다. 성 밖으로 나가 제국의 위엄을 방방곡곡에 알리던 시대는 막을 내렸고 성벽 안으로 들어가 스스로를 유폐시켰다. 로마의 진취적인 기상이 사라지자 주변의 야만족들은 굶주린 독수리 떼처럼 로마

주위를 빙빙 돌며 언제든 쳐들어갈 기회를 엿봤다.

추상같던 황제의 명령으로 일사불란하게 돌아갔던 제국의 면모는 더는 찾아볼 수 없었다. 제국의 방대한 영토를 황제 혼자서 통치하기 어렵다고 판단한 디오클레티아누스Diocletianus, 재위 284~305 황제는 로마제국을 동서로 나누고 황제·부황제가 함께 다스리는 사두정치 테트라키아를 도입했다. 그러나 세계의 머리는 하나일 때 제대로 유지될 수 있었다. 권력 쟁취를 위한 네 명의 황제, 부황제 사이의 내전은 필연이었다. 이때 등장한 콘스탄티누스 1세Constantinus, 재위 306~337는 밀비우스 다리에서 막센티우스를 물리치고 서로마 황제로 등극하며 내전을 종식했다. 콜로세움 서쪽 편에 있는 개선문이 당시 콘스탄티누스의 영광을 보여준다.

콘스탄티누스는 밀라노 칙령을 반포하여 제국 내 억압받던 기독교에 자유를 주었다. 이후 그는 동로마 황제까지 굴복시키면서 로마를 재통일하고 제국의 수도를 동방의 비잔티움Byzantium으로 옮겼다. 이후 비잔티움은 콘스탄티누스 황제의 이름을 따서 콘스탄티노플로 불리게 된다. 건국 이래 천 년 이상 수도 역할을 했던 로마는 수도의 지위를 잃어버리자 쇠망의 길로 들어섰다. 이후 4세기 말이 되면 제국은 정치적으로 완전히 분리되어 서로마 제국과 동로마 제국이하 비잔티움 제국이 공존하는 시대로 접어든다.

4세기 말, 기독교 세력은 점점 커져 로마제국의 국교가 되더니 엄청난 힘을 갖게 됐다. 본디 칼을 쥐면 휘둘러보고 싶은 법이다. 이제 상황이 역전되어 유일신을 믿는 기독교가 로마의 다신교를 억압했다. 로마는 계속 성벽 안에만 머물렀고 그들의 장점이었던 관용은 사라졌으며 황제의 리더십은 눈을 씻고 찾으려야 찾을 수 없었다. 5세기 말, 유럽 서쪽에서 밀려들어온 게르만족은 1,300년간의 길고 길었던 역사의 무대에서 로마를 퇴장시켰다.

유럽 문명의 중심은 동방의 콘스탄티노플로 이동했다. 물이 위에서 아래로 흐르듯 사람도 문명이 발달된 곳으로 몰리기 마련이다. 로마의 고급 인력과 도시의 주요 기능도 황제를 따라 콘스탄티노플로 가버리자 한때 인구 100만 명이 넘었던 도시가 5세기 말에는 10만 명 수준의 껍데기만 남은 도시로 추락했다. 로마가 다시 유럽 역사의 중심으로 나오기까지 또 다른 천 년이라는 인고의 시간이 필요했다.

바티칸,
영욕의 시간을 견뎌낸 가톨릭의 성지

세상에서 가장 작은 나라 하면 사람들이 떠올리는 곳이 바티칸 시국이다. 한편, 세상에서 가장 큰 성당이 있는 곳 또한 바티칸이다. 교황청의 오랜 역사와 신비주의로 인해 종교와 과학의 대립, 음모와 배신을 주제로 한 다양한 영화의 단골 배경이 된 곳도 이곳이다. 바티칸이 여전히 많은 사람의 관심을 받는 것은 몇 차례의 절체절명의 위기를 겪고도 이탈리아의 다른 도시들과는 달리 자주권을 가진 국가로 살아남았던 그 끈질긴 생명력 때문일 것이다.

오래전부터 바티칸 언덕은 이교도들이 점을 치는 공간이었다. 바티칸이란 지명은 '점을 치다'라는 라틴어 '바티키니아_{vaticinia}'에서 유래되었다. 예수의 열두 제자 중 첫 번째 제자이자 초대 교황인 베드로가 순교했던 곳이 바티칸이었기 때문에 이곳은 점치는 언덕 이상의 특별한 의미를 지닌 장소가 된다.

로마의 5대 황제였던 네로가 폭정으로 민심을 잃자 그의 분노는 사회적으로 가장 약한 연결고리였던 기독교로 향했다. 많은 기독교인이 희생당했으며 예수의 첫 제자였던 베드로 또한 바티칸에 있었던 원형경기장에서 순교했다. 그의 시신은 인근 공동묘지에 묻혔고 소문을 들은 사람들이 성베드로의 무덤에 방문하여 추모를 이어나갔다. 160년경 교황 아니케투스Anicetus, 재위 157~168가 그곳에 성베드로 기념비를 세우자 더욱 더 많은 순례객이 찾아와 기념비에 특별한 흔적을 남겼다. 콘스탄티누스 1세는 성베드로의 무덤 위에 성당을 짓도록 명령했고 350년에 낙성되면서 바티칸은 본격적인 기독교 신앙의 중심이 된다.

최초 교황청이 있었던 곳은 로마의 끝자락에 있는 라테라노 궁전이었다. 교황청은 로마 주교인 교황이 성베드로 대성전에서 미사를 집전하고 있는 동안 교황과 그 수행자가 사용할 건물을 대성전 근처에 세울 필요를 느끼게 되었다. 바티칸 지역에는 9세기 레오 4세Leo IV, 재위 847~ 855 교황 때부터 사라센의 침입에 대비하여 24개의 성채를 쌓은 도시 레오니나Civitas Leonina가 있었다. 교황청은 12세기부터 이곳을 지속해서 개발해 성베드로 대성전과의 접근성을 높였다.

14세기, 70년간 아비뇽으로 옮겼던 교황청이 다시 로마로 돌아왔을 때 원래 교황청이 있었던 라테라노 궁전은 불타 폐허가 되었다. 로마의 지도자가 갑자기 자리를 비웠으니 교황청뿐 아니라 도시 전체가 아수라 장이 되는 것은 시간문제였을 것이다. 새 술은 새 부대에 담아야 하듯, 로마로 돌아온 교황청은 추락한 권위를 다시 일으켜 세울 수 있는 새로운 장소를 물색했다. 그들의 눈에 들어온 곳은 바티칸이었다. 바티칸은 성베드로 대성전에서도 가까웠고 무엇보다 선대 교황들이 개발해 놓았던 튼튼한 성벽이 도시를 보호하고 있었기 때문이다. 이때부터 바티칸에서 교황청의 새로운 역사가 시작된다.

중세 이래 교황은 이탈리아 중부를 가로지르는 거대한 영지를 소유한 세속의 군주이자 세계 가톨릭의 수장이었다. 한편, 십자군 전쟁의 실패, 교회의 부패와 타락, 종교개혁, 시민 의식의 성장으로 교황의 권위는 끝을 모르고 추락했다. 19세기에 들어 교황의 영지는 주변국에 의해 갈수록 줄어들더니 최후의 보루였던 로마마저 이탈리아의 통일을 부르짖던 사르데냐 왕국에 합병되면서 결국 자취를 감췄다. 한때는 이탈리아를 호령하며 기세를 떨치던 교황청은 새로 출범한 이탈리아 왕국에 종속되면서 겨우 인공호흡기로 생명을 이어갈 정도의 초라한 신세로 전락해버렸다.

이탈리아 왕국에 모든 영지를 몰수당한 교황 피우스 9세는 지난 천 년간 유지해왔던 교황령이 자신의 대에서 완전히 소멸해버린 것에 대한 큰 충격을 받았다. 이후 교황들은 바티칸에 틀어박혀 60년간 스스로를 세상과 격리했다. 20세기 들어서자 이러한 상황에 변화가 일어났다. 더 는 상황을 지켜볼 수 없었던 피우스 11세Pius XI, 재위 1922~1939는 1929년 이탈리아 총리였던 무솔리니와 교섭을 벌여 라테라노 조약을 맺는다. 교 황청은 엄청난 금액의 보상을 받았으며, 바티칸은 자주권을 가진 국가로 인정받게 되었다. 이렇게 천신만고 끝에 교황령이 부활해 '바티칸 시국' 이라는 이름으로 로마 도심 한가운데에 자리 잡게 되었다. 바티칸 시국 의 면적은 여의도에 6분의 1 수준이며, 900명 정도의 인구를 가진 세상 에서 가장 작은 국가지만 상징성만큼은 어느 나라와 비교할 수 없을 정

∨ 바티칸 박물관. 1377년, 아비뇽에서 로마로 돌아온 교황청은 바티칸에 새로 둥지를 틀었다.

도로 크다. 세계 인구의 17%가 가톨릭을 믿고 있는 것은 바티칸의 종교적 권위가 얼마나 대단한지 보여준다.

오늘날 종교적인 이유를 넘어 헬레니즘 시대 최고의 조각과 르네상스 시대의 예술작품을 감상하기 위해 전 세계의 사람들이 바티칸을 찾는다. 5세기, 이민족의 침입으로 폐허가 되어버렸던 로마가 어떻게 천 년 후 르네상스 중심지로 새롭게 부상할 수 있었을까. 이제 빈사의 상태에 빠진 로마를 어떻게 해서든 붙들고 일으켜 세우려 고군분투했던 교황들을 만나게 된다.

르네상스 교황들,
다시 일어나는 빈사의 로마

　　세상에는 두 종류의 사람이 있다. 위기에 빠졌을 때 절망하고 포기하는 사람과 위기를 디딤돌 삼아 국면전환을 이룬 사람이다. 로마는 후자에 해당함이 분명하다. 로마는 역사적으로 일곱 번의 큰 화를 입었고 그때마다 절망을 딛고 새로운 모습으로 재건되었기 때문이다. 특히 15세기는 아비뇽 유수와 서방교회 대분열로 버려지다시피 했던 중세 모습의 로마를 밝고 세련된 르네상스풍 도시로 만들어가던 인상적인 시기였다. 이 변화의 중심에는 새로운 생각과 지식으로 무장한 교황들이 있었다.

4세기, 로마제국의 수도가 콘스탄티노플로 옮겨가자 천 년 동안 수도였던 로마는 급격히 몰락했고 사람들의 기억 속에 잊혔다. 그러나 15세기 등장한 열정 가득한 교황들이 로마를 다시 역사의 중심으로 끌어올렸다. 이 교황들은 로마가 다시 과거처럼 위대해지기 위해서는 문화의 힘이 뒷받침되어야 한다는 사실을 알고 있었다. 도덕과 종교는 그다음 문제였다.

인문주의를 최초로 지지했던 교황 니콜라우스 5세Nicolaus V, 재위 1447~1455는 성베드로 대성전이 있는 바티칸 언덕으로 교황청을 이전하면서 추락한 교회의 권위를 다시 세우고자 했다. 교황청 건물이 새롭게 들어서고 르네상스를 대표하는 예술가들이 그 안팎을 화려하게 장식했다. 니콜라스 5세 재위 당시인 1453년, 비잔티움 제국의 수도 콘스탄티노플이 오스만 제국에 함락되는 믿을 수 없는 사건이 벌어졌다. 그는 사람을 보내 갈 곳 없던 그리스 학자들을 로마로 불러들였다. 학자들과 함께 도착한 수많은 그리스 고전은 바티칸에 한창 건설 중이었던 도서관을 채웠고 이는 앞으로 로마에서 펼쳐질 르네상스의 자양분이 되었다.

한동안 관리되지 않아 쓰러져가는 성베드로 대성전의 수리도 시작되었다. 안타깝게도 이때 콜로세움과 포룸 로마눔 같은 많은 고대 로마의 유적이 헐려 나갔다. 그곳에서 나온 대리석, 납, 청동은 새로운 성당과 공공건물을 짓기 위한 건축 자재로 활용되었다. 오랫동안 끊겼던 고대 로마의 수로도 복구되어 깨끗한 물이 시내로 공급되자 고질적인 전염병도 점차 사라졌다. 복구된 수로 중 한 곳인 아쿠아 비르고Aqua Virgo는 뒤에 만들어질 나보나 광장의 4대강 분수, 트레비 분수에 물을 공급하며 로마를 아름다운 분수의 도시로 만들 예정이었다.

식스투스 4세Sixtus IV. 재위 1471~1484는 교황청의 도서관을 더욱 확장하여 예술과 학문을 장려했다. 특히 고위 성직자들의 예배와 교황 선출을 위한 추기경 회의가 열리는 지극히 신성한 장소인 시스티나 예배당을 건립한 것은 그의 최고 업적이었다. 도로가 포장되고 테베레강에 다리가 놓이면서 로마는 르네상스 멋을 갖춘 청결하고 세련된 도시로 바뀌었다.

ˇ 트레비 분수. 화려함과 역동성을 상징하는 바로크 양식의 정수를 보여준다.

알렉산데르 6세Alexander VI. 재위 1492~1503는 사생활이 극도로 문란했던 최악의 교황으로 알려져 있다. 반면, 학문과 예술을 적극적으로 후원하여 브라만테, 라파엘로, 미켈란젤로와 같은 거장 예술가들이 로마에서 활동할 수 있는 길을 열어주었던 점은 높이 평가받을 만했다.

이후 등장한 율리우스 2세Julius II. 재위 1503~1513는 대외정복 활동을 활발하게 해서 전사 교황이라는 별명이 붙었다. 그 역시 예술 분야에서는 누구 못지않은 든든한 후원자였다. 바티칸 박물관의 콘셉트를 최초로 만들었으며, 미켈란젤로에게 천지창조로 유명한 시스티나 예배당의 천장화를 그리도록 명했다. 성베드로 대성전의 전면적인 재건 작업은 당대 최고의 건축가 브라만테가 담당했다. 율리우스 2세는 오늘날 바티칸에 관광객이 끊이지 않게 만든 커다란 공을 세운 교황이라 할만하다.

레오 10세Leo X. 재위 1513~1521 역시 르네상스를 주도했던 메디치 가문 출신답게 학문과 예술을 적극적으로 후원하였다. 이때 로마는 전 유럽의 예술가들이 모이는 국제도시로 성장했다. 게르만족의 침략 후 영원히 잠들어버린 줄 알았던 로마는 천 년간 켜켜이 쌓였던 먼지를 홀홀 털어내고 부활하여 다시 유럽의 중심으로 다가갔다.

르네상스를 이끌었던 교황들은 예술에 대한 안목이 높았다. 그들은 고대 로마를 이교도의 집단으로 생각하지 않고 유럽 전역에 문명을 전

달했던 본받아야 할 전범으로 생각했다. 교황청이 르네상스 인재들에게 투자하면서 로마는 바뀌기 시작했고 세상은 전보다 살맛 나는 곳이 되어가고 있었다. 시간의 흐름과는 반대로 퇴행을 거듭했던 로마는 르네상스 교황들과 거장 예술가들에 의해 다시 생명을 얻어 앞으로 나아갔다.

성베드로 대성전,
가톨릭 분열의 분수령

로마에서 가장 신성한 곳은 베드로 성인의 유해가 안치된 성베드로 대성전이다. 세계에서 가장 큰 종교 건축물이며 그 자체로 아름다운 예술작품이다. 내부는 미켈란젤로, 베르니니 같은 당대 최고 예술가들의 작품으로 꾸며져 있다. 그 때문에 대성전은 종교적 이유뿐만 아니라 예술작품을 보기 위해 전 세계 사람들로 늘 북적인다. 성베드로 대성전이 인류 역사의 물줄기를 바꾼 중요한 현장이었다는 사실을 안다면 이곳이 더욱더 새로운 의미로 다가올 것이다.

16세기 초 로마에서 시작된 거대한 프로젝트는 한 교황의 허영심에서 시작되었다. 이 과정에서 유럽을 둘로 분열시킨 종교혁명이 시작된다. 율리우스 2세는 교황령을 확대하기 위한 전쟁과 문예활동 후원으로 무척 바쁜 교황이었다. 그는 자신의 위상에 어울리는 영묘를 만들고자 했다. 기존 교황들과는 다른 자신의 치세에 걸맞은 웅장하고, 화려하면서 동시에 위엄있는 모습이어야 했다. 율리우스 2세는 얼마 전 〈피에타〉상像을 만들어 세간을 떠들썩하게 했던 신예 조각가 미켈란젤로가 그 작업에 적임자라고 생각했다.

미켈란젤로는 40여 개나 되는 조각상이 영묘 주위를 감싸는 전무후무한 규모의 스케치를 교황에게 제안했다. 승인만 된다면 경제적인 어려움을 해결할 수 있을 뿐 아니라, 자신의 이름을 역사에 길이 남길 수 있는 흔치 않은 기회였다. 교황은 미켈란젤로의 대담한 기획이 마음에 들었으나 한 가지 걸리는 문제가 있었다. 자신의 영묘가 들어서기에는 당초 염두에 두었던 교회가 너무 작고 초라했기 때문이다.

그리하여 교황은 최고의 권위를 가진 성베드로 대성전에 자신의 영묘를 조성하기로 계획을 변경했다. 당시 성베드로 대성전은 오랜 기간 제대로 관리되지 않아 쓰러져가는 움막과 같은 상태였다. 교황은 고민할 필요도 없이 기존 대성전을 헐고 완전히 새롭게 재건하기로 계획했다.

기존의 진행 중인 교황청의 모든 프로젝트는 중단되고 오로지 대성전

∧ 성베드로 대성전. 120년의 기간을 거처 1667년, 바로크 시대를 대표하는 건축가 베르니니에 의해
  광장이 완공되면서 로마는 기독교 최고의 성지로 발돋움한다.

재건을 위한 사업에 모든 역량이 총동원되었다. 브라만테의 웅장한 대성전 설계를 바탕으로 1506년 그 역사적인 첫 삽을 떴고, 장장 120년이라는 대역사大役事의 항해가 시작되었다.

성베드로 대성전 재건은 워낙 대규모 공사였기 때문에 늘 예산 부족에 시달렸고, 레오 10세 교황에 이르면 신도들에게 면죄부를 판매하는 악수까지 둔다. 누구든 돈을 주고 산 면죄부가 있으면 속죄할 수 있었으며, 심지어 가족의 속죄까지도 가능했다. 불편한 시선으로 교황청을 바라봤던 비텐베르크 신학 교수 마르틴 루터Martin Luther, 1483~1546가 면죄부에 대한 '95개조 반박문'을 내걸고 교황청을 압박하면서 본격적으로 종교개혁의 불길은 타올랐다. 동시에 스위스의 츠빙글리와 칼뱅, 영국의 헨리 8세에 의해 그 불길은 알프스를 넘어 전 유럽으로 삽시간에 퍼져나갔다.

이제 사람들은 특정 계층만 읽을 수 있는 라틴어가 아닌 자신들의 언어로 인쇄된 성경을 읽기 시작했고 성직자들의 성격 해석에 의문을 품기 시작했다. 사람들은 스스로 생각할 힘이 있다는 사실을 깨달았고 동시에 교황청의 권위는 끝없이 추락했다.

유럽 전제가 가톨릭과 개신교로 나뉘어 대륙을 피로 물들였던 30년 전쟁 와중에 성베드로 대성전이 마침내 완공되었다. 세계에서 가장 크고 신성한 기독교 대성전이 재탄생했다. 17세기 중반 로마를 화려한 바로크 도시로 변모시킨 건축가 베르니니에 의해 두 팔로 광장을 안고 있는 듯한 타원형의 대회랑이 조성되면서 오늘날의 장엄하고 경건한 모습을 갖추게 되었다.

율리우스 2세는 자신의 영묘를 위한 개인적 목적으로 대성전 재건을 지시했지만, 결과는 그전과는 전혀 다른 세상을 만들어 버렸다. 신념에 빠졌던 인간이 기존 질서에 대해 의심하는 순간 우리를 둘러싼 세계는 전혀 다른 방향으로 흘러갈 수 있음을 성베드로 대성전은 생생하게 보여준다.

시스티나 예배당,
바티칸에 재현된 예루살렘 신전

바티칸 박물관은 2019년 한 해 약 700만 명이나 방문했던 세계 3대 박물관 중 한 곳이다. 연중 내내 많은 사람이 입장권 예매를 둘러싼 총성 없는 전쟁을 치르고 있으며, 예매에 실패하더라도 입장을 위해 오랜 시간 긴 줄을 서야 하는 불편함과 번거로움을 기꺼이 감내한다. 이곳에는 기필코 봐야 할 무엇인가가 있기 때문이다.

16세기 초, 로마의 4대 교회 중 한 곳인 산타마리아 마조레 성당 근처의 포도밭에서 대리석 조각이 발견된다. '팔만대장경'도 가치를 모르면 빨래판이나 다름없듯, 당시 사람들은 땅을 파면 흔하게 나오는 고대의 대리석 조각을 버리든지 아니면 가마에 녹여 개인적인 석축 용도로 사용했다. 르네상스 시대가 도래하자 이 조각을 돈을 주고 수집하는 사람들이 등장했고 농부들은 발견 즉시 그들에게 알렸다. 짭짤한 부수입이 될 수 있었기 때문이다.

이 소식을 들은 교황 율리우스 2세는 당시 바티칸에서 일하고 있었던 건축가 줄리아노 다 상갈로와 미켈란젤로를 보내 발견된 조각을 조사했다. 둘은 그 조각이 로마 건국 서사시 『아이네이스』에 등장하는 '라오콘과 두 아들'의 죽음을 묘사한 조각상임을 한눈에 알아보고 교황에게 알린 후 즉각 작품을 사들였다. 얼마 후 그 조각상은 바티칸 정원에 전시되어 일반인이 볼 수 있게 되었다. 바티칸 박물관 역사는 이렇게 소박하게 시작되었다.

15세기에 들어와 고대 로마에 관한 관심이 커지면서 고대유적 발굴이 활발하게 진행되었다. 특히 16세기 땅속에 묻혀있었던 네로 황제의 황금 궁전 발견은 대단한 성과였다. 그 안에서 헬레니즘 시대 최고의 조각들이 쏟아져 나왔고 모두 바티칸 박물관으로 옮겨지면서 컬렉션이 풍성해졌다.

박물관에서 발 디딜 틈도 없이 많은 사람들에 밀려 이동하다 보면 박물관이 거의 끝나는 지점에 있는 조그만 예배당에 다다른다. 이곳에서

∧ 시스티나 예배당 가는 길.
　바티칸 박물관은 늘 거장들의 작품을 보기 위한 순례자들로 인산인해를 이룬다.

많은 사람이 대화 소리를 죽인 채 입을 벌리고 천장을 바라보며 무아지경에 빠져있는 흥미로운 광경을 목격한다. 바티칸 박물관에서 가장 많은 사람이 찾는 곳이자 방문하고 싶어 하는 시스티나 예배당이다.

　예배당을 건립했던 식스투스 4세 교황의 이름을 딴 시스티나 예배당은 성서에 나오는 예루살렘 성전의 면적 비율과 똑같이 "세로가 높이의 2배, 가로의 3배 세로 40m*가로 13m*높이 20m"의 크기로 설계되었다. 이곳은 일반 신도가 아닌 고위 성직자처럼 특정 계층을 위한 공간이었다. 교황 선출을 위한 추기경들의 비밀투표인 콘클라베'열쇠'라는 뜻가 행해지는 곳이기도 하다. 16세기 르네상스 최고의 예술가 미켈란젤로는 이곳 천장과 제단 벽면에 프레스코화를 남겼다.

오늘날 로마의 관광객 대부분은 시스티나 예배당을 장식하고 있는 미켈란젤로의 프레스코화를 보기 위해 바티칸을 방문한다. 그의 그림을 보기 위해 사람들은 긴 시간 줄을 서서 기다리는 불편도 기꺼이 받아들인다. 예루살렘 신전을 재현하려고 했던 이곳에 르네상스 거장들의 필치가 더해지자, 시스티나 예배당은 예술가들을 위한 성지이자 색다른 영감을 받고자 기원하는 사람들을 위한 순례지가 되었다.

미켈란젤로,
시스티나 예배당에 새겨 넣은 불멸의 혼

한 분야에서 성공한 사람이 전혀 다른 분야에 도전해서도 탁월한 성과를 내는 사례를 종종 보곤 한다. 한번 정상에 올라본 사람은 어느 길로든 다시 정상에 오를 수 있는 법이다. 르네상스 시기에 다양한 분야를 섭렵했던 대가들이 넘쳐났지만, 그중에서도 미켈란젤로는 단연 눈에 띄는 천재였다.

1475년 3월 6일 태어난 미켈란젤로Michelangelo Buonarroti, 1475~1564는 15세 때 전문 예술가 양성소였던 '산 마르코 성당'에서 운영하던 학교에 입학했다. 이곳은 당시 피렌체 실세였던 로렌초 데 메디치Lorenzo de'

Medici, 1449~1492가 후원했던 곳으로, 그곳 정원에는 헬레니즘 시대 최고 수준의 조각상이 전시되어 있었다. 미켈란젤로는 고대 작품의 모방을 통해 예술적 감각을 키웠고, 그 실력을 인정받아 메디치 저택에서 생활할 중요한 기회를 얻는다.

당시 메디치 저택에는 마르실리오 피치노, 폴리치아노, 피코 델라 미란돌라와 같은 당대 최고의 인문학자·시인·철학자가 함께 생활하고 있었다. 하나의 위대한 인간을 빚어내는데 주변 환경이 얼마나 중요한지는 더 말할 필요도 없다. 학문과 예술이 늘 공기와 같이 집안 어느 곳에서나 존재했던 덕분에 자신의 조각품처럼 미켈란젤로 자신도 인류 역사에 길이 남을 거장으로 조형되고 있었다. 거장은 태어나기도 했지만 만들어지기도 했다.

미켈란젤로는 1496년 21세 때 처음으로 로마에 진출했다. 그는 교황청 프랑스 대사에게 의뢰받은 〈피에타〉 조각상을 성공적으로 제작해 세간에 이름을 알렸다. 르네상스 화가이자 전기 작가였던 조르조 바사리는 『르네상스 미술가 평전』에서 "디세뇨의 완벽함, 아취있는 단순성, 표현의 진수는 어느 작가도 결코 흉내 내지 못할 것이다"라며 극찬을 아끼지 않았다. 이 작품의 성공으로 혜성같이 나타난 신예 조각가의 이름은 교황청에까지 알려지게 되었다. 피렌체로 돌아온 미켈란젤로는 1504년 피렌체시에서 의뢰받아 완성한 〈다비드〉 상像으로 유럽 최고의 조각가 반열에 올라선다. 이때부터 율리우스 2세 교황은 자신의 영묘 제작과 교황청 장식 등의 이유로 미켈란젤로를 줄기차게 로마로 부른다.

1506년, 율리우스 2세는 미켈란젤로에게 시스티나 예배당을 꾸밀 천장화를 의뢰했다. 미켈란젤로는 교황의 제안을 일언지하에 거절했다. 미켈란젤로는 그때까지 제대로 된 프레스코화를 그려본 적도 없었다. 그뿐만 아니라 교황이 바로 직전에 의뢰했던 - 미켈란젤로 인생에서 최대의 프로젝트가 될 뻔했던 - 영묘 제작이 성베드로 대성전 건설로 무기한 연기되어 낙심하고 있었기 때문이다. 몇 번의 거절 끝에 결국 미켈란젤로는 교황의 제안을 받아들이고 다시 로마로 돌아온다.

당시 일반적 화법이었던 달걀노른자를 사용하여 그리는 템페라Tempera와 달리 프레스코Fresco는 석고가 마르기 전에 그림을 완성해야 한다. 석고가 마른 후 그림을 그리면 안료가 벽체에 스며들지 않고 벗겨져 버리기 때문에 사전에 철저한 작업 준비와 구상이 전제되어 있어야 가능한, 지독하게 반복적이고 고도의 집중력이 필요한 작업이었다. 이러한 이유로 주변 사람들은 조각가였던 미켈란젤로가 곧 두 손 들고 피렌체로 돌아갈 것으로 생각했다. 하지만 자존심 강한 미켈란젤로는 조각 외 다른 재능도 얼마든지 있다는 것을 보여주고 싶었다.

당시 예술가들은 의뢰인의 작업지시와 잦은 간섭으로 창조적인 작품을 만들기 어려웠다. 그러나 미켈란젤로는 교황과의 끈질긴 협상을 통해 자유롭게 자기 생각을 그릴 수 있는 권리를 얻어냈다. 그는 당시 회화의 일반적인 주제였던 신약을 뒤로하고 구약의 창세기 내용을 9개의 에피소드로 나눠 배치했다. 1천 제곱미터에 이르는 천장에 이스라엘의 예언자, 고대 세계의 신녀 등 300명 이상의 개성 있는 인물이 프레스코 되었다. 모든 인물은 기존 르네상스 시대의 균형과 비율을 중시한 전형적 표상이 아닌 금방이라도 천장을 뚫고 나올듯한 역동적인 모습으로 묘사되었다. 실로 파격 그 자체였다.

작업이 시작되고 4년이 지난 1512년 작품이 공개되자 교황은 천장에서 눈을 뗄 수 없었다. 일반에게 공개되었을 때도 사람들은 그 공간에 압도되고 말았다. 바사리는 "천장화가 공개되자 각지의 사람들이 그것을 보려고 달려오는 소리가 귀에 울릴 정도였다"라고 할 만큼 시대에 반향을 불러일으킨 작품이었다. 대담한 교황과 집요함의 천재 예술가가 만나 500년이 지난 지금도 여전히 많은 사람이 찾아와 영감을 받아 가는 장소를 탄생시켰다.

20년 후 교황 파울루스 3세Paulus III, 재위 1534~1549는 시스티나 예배당 제단 벽을 꾸밀 프레스코화를 미켈란젤로에게 요청했고 그는 또 하나의 불후의 명작인 〈최후의 심판〉을 제단 벽면에 프레스코 했다. 미켈란젤로의 작품은 새로운 시대를 예고했다. 후원자의 요청사항을 구체화 시키는 단순한 기술자로만 여겨졌었던 예술가들이 창의력을 바탕으로 자신이 생각하는 자유분방하고 역동적인 세계를 작품에 불어넣기 시작했다. 개인의 개성을 마음껏 펼칠 수 있는 근대가 도래한 것이다.

시스티나 예배당에서 주위를 둘러보면 벽면을 가득 메운 예술가들의 열정과 혼이 온몸에 전해진다. 프레스코화를 보는 사람들의 눈에도 예리한 빛이 번득인다. 전 세계 많은 사람이 위대한 영혼의 기운을 받아 현실의 험난한 벽을 넘을 수 있기를 바라는 간절한 마음으로 이곳을 찾는지도 모르겠다.

∨ 시스티나 예배당 천장.
　이스라엘의 예언자, 고대 세계의 신녀 등 300명 이상의 인물들이 개성 있게 프레스코 되었다.

바로크의 도시,
역동성과 화려함으로 리모델링

로마에서는 세상에서 가장 정교하고 역동적이며 아름답기까지 한 분수에서 시원한 물이 뿜어져 나오는 광경을 보는 것은 흔한 일이다. 도심에 빼곡히 들어선 200여 개 이상의 교회에서 하늘을 향해 힘껏 솟은 돔 지붕이 수려한 스카이라인을 그린다. 어느 곳에 눈을 돌려도 화려한 건축물이 서로의 기량을 뽐내듯 도시를 가득 채우고 있어 지루할 틈이 없다.

로마가 오늘날처럼 화려하고 생동감이 가득한 바로크 도시로 변모하게 된 계기는 아이러니하게도 1527년 발생한 신성로마제국의 '로마 약

탈Saco di Roma'이었다. 로마가 재앙을 지렛대 삼아 오뚝이처럼 다시 일어
나는데 일가견이 있다는 것은 앞에서도 살펴봤다. 로마 약탈과 종교개혁
은 사람들의 인식을 안정보다는 변화를 추구하는 방향으로 선회시켰다.

시스티나 예배당은 제단 벽면에 미켈란젤로의 〈최후의 심판〉이 프레
스코 되자 더욱 경건하고 신성한 장소로 변모했다. 로마 약탈로 한동안
멈춰있었던 성베드로 대성전 건설도 다시 활기를 되찾으면서 미켈란젤
로가 설계한 돔 지붕이 자리를 잡아갔다.

당시 종교개혁으로 인해 교회의 종교화나 조각의 주문이 급격히 줄어
예술가들의 삶이 꽤 힘들었다. 개신교에서 성화나 조각은 우상으로 취급
되었기에 더는 예술가가 필요하지 않았기 때문이다. 한순간에 실업자 신
세가 된 그들은 일거리를 찾아 로마, 스페인 같은 가톨릭 세력이 강한 곳
으로 이동했다. 교황은 반종교개혁의 기치를 내걸고 개종했던 사람들을
다시 가톨릭으로 끌어올 방편으로 예술을 적극적으로 활용했다. 사람의
마음을 고양할 수 있는 최고의 수단은 예술이었기 때문이다. 이런 로마
가톨릭의 목적과 예술가들의 입장이 맞아떨어졌고, 전 유럽의 예술가들
이 일거리를 찾아 로마로 모여들면서 로마는 단번에 국제도시가 되었다.

바야흐로 바로크 시대의 시작이었다. '일그러진 진주'라는 뜻을 가진
바로크의 특징은 화려함과 역동성이다. 로마는 요조숙녀 같은 정숙한 모

습에서 생기발랄한 처녀처럼 활력이 넘치는 도시로 변해갔다. 로마에서 시작된 바로크는 곧이어 알프스를 넘어 전 유럽으로 퍼져나갔다. 회화는 전과는 다르게 역동적이며 극적으로 표현되었으며 루벤스, 벨라스케스 같은 화가들이 바로크 회화를 이끌었다.

한동안 성베드로 대성전 건축 공사 때문에 뒷전으로 밀려나 있었던 다른 교회들의 공사도 본격적으로 재개되었다. 기존의 조화, 비율, 대칭, 균형만을 강조하던 르네상스 양식에서 벗어나 역동적이고 화려한 외관의 건축물이 들어섰다. 또한, 큰 돔을 지붕에 얹어 내부 공간을 더욱더 넓고 웅장하고 밝게 만들었다. 오늘날 로마의 아름다운 스카이라인을 수놓고 있는 돔 지붕은 이때부터 만들어졌다.

고대의 수로가 재정비되어 깨끗한 물이 도시로 들어오자 위생이 크게 개선되었다. 바로크 시대를 대표하는 건축가이자 조각가인 베르니니 Giovanni Bernini, 1598~1680가 설계한 스페인 계단의 조각배 분수, 폴리 궁전 Palazzo Poli 정면의 트레비 분수, 나보나 광장의 4대강 분수 등이 도시 곳곳에 들어서며 로마는 세계에서 가장 아름다운 분수의 도시로 불리기 시작했다.

한동안 휑했던 성베드로 대성전 앞 광장에 베르니니가 설계한 웅장한 88개의 열주가 세워졌다. 이로써 로마는 세계 가톨릭의 중심이자 문화와 예술의 수도임을 전 세계에 선포했다.

　로마는 여러 번의 침략을 받아 폐허가 되었다. 한때 세계의 중심이었다가 다시 변방으로 밀려나기도 했다. 같은 기독교도의 침략으로 거의 도시를 포기해야 하는 지경까지 갔으나 로마는 다시 일어섰고 '영원의 도시'가 되었다. 포기하지만 않는다면, 반드시 기회는 온다는 사실을 그들은 알고 있었다. 날개를 펴기 전까지 얼마나 높이 날 수 있을지 아무도 모른다는 사실을 깨달은 것이다.

∨ 통일기념관 전망대에서 바라본 로마 전경.
　교회의 돔 지붕들이 아름다운 스카이라인을 만든다.

피렌체, 회복의 길

"피렌체인들은 끈기 있게 일하고,
위험에 기꺼이 맞서며, 열정적으로 영광을 구하고,
적절하게 조언하며, 근면하고 관대하며,
위대하고, 유쾌하고 상냥합니다.
그리고 무엇보다도 그들은 시민적인 삶을 영위하고 있습니다"

- 『피렌체 찬가』, 레오나르도 브루니

산타마리아
노벨라 역

미켈란젤로
공원

산타마리아
노벨라 성당

베키오
다리

미켈란젤로
언덕

우피치
미술관

시뇨리아
광장

산타크로체
성당

아르노 강

산로렌초
성당

메디치
궁전

산타마리아
대성당

오스페달레 델리
인노첸티(고아원)

피렌체

미켈란젤로 광장,
피렌체 영광을 조망하다

 이탈리아의 한 수도원에서 벌어진 미궁의 살인사건을 다룬 움베르토 에코의 『장미의 이름』에서 수련사 아드소는 스승 윌리엄 수도사가 비밀 가득한 장서관을 밖에서만 보고 내부를 정확히 통찰하는 모습에 깜짝 놀란다. 이에 스승은 "예술이 창조한 것은 그렇다. 우리의 마음으로 그 일을 이룬 장인의 마음을 짚을 수 있기 때문이다"라고 답하는데, 관점의 변화가 새로운 생각을 불러일으킬 수 있음을 보여주는 장면이다. 피렌체 여행 또한 미켈란젤로 광장에 올라 원대한 이상을 품고 도시를 건설했던 중세시대 피렌체인의 마음으로 전경을 조망하는 것이 좋은 시작이다. 너무 가까이에서만 보면 특정한 한 점만 보고 끝나버릴

∧ 미켈란젤로 광장.
　피렌체 전경을 감상할 수 있는 최고의 장소로 미켈란젤로 탄생 400주년을 기념하여 조성되었다.

수 있다. 피렌체를 여행할 때는 가깝게 있는 '이런 점'과 멀리 있는 '저런 면'을 함께 봐야 도시를 더욱 입체적으로 느낄 수 있다.

　피렌체는 고대 로마에 편입되면서 본격적으로 역사의 무대에 들어서게 되는데, 이곳이 얼마나 아름다웠던지 꽃이라는 의미의 플로렌티아Florentia라고 불렸다. 미켈란젤로 광장에서 도시를 내려다보면 꽃처럼 아름다운 스카이라인을 돋보이게 하는 두 건물이 있다. 하늘을 찌를 듯한 94m의 종탑이 있는 건물은 피렌체 정치의 중심지였던 베키오궁Palazzo Vecchio이다. 그와 약간의 거리를 두고 오른편에 빨간 꽃봉오리처럼 보이는 돔 지붕이 있는 건물은 산타마리아 대성당Cattedrale di Santa Maria del Fiore으로 종교의 중심지였다. 유럽의 중세 도시는 대부분 정치의 중심지시청와 종교의 중심지대성당가 하나의 광장을 공유하고 있었다. 그러나 피렌체에서는 속세의 영역과 신의 영역이 서로에게 종속되지 않겠다는 듯 떨어져 있다. 이러한 건물의 배치에서 정치 및 종교 그 어느 쪽에도 얽매이지 않겠다는 시민들의 자신감을 엿볼 수 있다.

　13세기부터 모직산업으로 크게 성장한 피렌체는 200년간의 투쟁 끝에 황제와 교황으로부터의 그늘에서 벗어나 자유를 쟁취해냈다. 이어 강력한 경쟁 도시였던 '기울어진 종탑'이 있는 곳으로 유명한 '피사Pisa'를 제압함으로써 지중해로 나갈 수 있었고, 이때부터 시작된 주도적인 무역으로 경제발전은 더욱 가속화되었다.

경제력이 향상된 피렌체는 주변의 경쟁 도시였던 밀라노나 베네치아가 감히 생각하지 못했던 학문, 예술, 과학 분야에 집중투자한다. 새롭게 유입된 지식이 잃어버렸던 고대 그리스와 로마 문명을 회복시키자 세상에서 가장 거대한 돔 지붕이 건설되었고, 최고 수준의 예술품이 제작되었으며 대서양 건너에 있던 대륙이 발견되었다. 심지어 망원경을 통해 지구 너머의 새로운 행성과 위성을 발견하는 등 베일에 싸여 있던 우주의 영역까지 기웃거리기 시작했다. 피렌체에서 시작된 이 새로운 기운으로 인류의 정신은 한 단계 도약했다.

멀리서 피렌체의 영광스러운 면을 한눈에 담았다면, 이제 내부로 들어가 그 영광을 만들었던 천재들의 탁월했던 점을 만날 차례다. 600년 전과 크게 변하지 않은 당시 피렌체인들이 걸었을 골목길과 광장을 따라 걷다 보면 가슴 벅찬 감동으로 다리가 후들거릴 수도 있으니 마음의 준비를 단단히 하자.

천 년 만에 부활한
고대 그리스·로마의 정신

　　놀랍게도 피렌체는 14~15세기 도시의 모습이 현재까지 잘 간직되어 마치 중세의 모습이 박제된 것처럼 보이는 곳이다. 도시 안으로 들어가면 마치 시간여행을 하는 듯한 착각마저 든다. 이 책에서 소개하는 10개 도시 중 중세의 모습을 가장 잘 살펴볼 수 있는 곳이 피렌체다. 한 번쯤은 들어봤을 이름의 르네상스 거장들이 거닐었던 거리와 광장이 지금도 그대로 남아 있다. 그들의 흔적은 여전히 도시 곳곳에 생생히 살아 숨을 쉰다. 지금으로부터 500년 전 이곳에 새로운 생각이 움트고 있었다. 그 작은 생각이 점점 눈덩이처럼 커져 인류 역사의 흐름을 바꿀 분수령이 될지는 아무도 예상하지 못했다.

자신이 평생 진리라고 믿어왔던 것이 어느 날 갑자기 다 거짓이었다는 것을 알게 되었을 때 그 허탈감은 말로 표현할 수 없을 것이다. 그런 상황을 경험하고 나면 세상에 불변의 진리는 없다는 것을 자각하고 자기 생각이 언제든 다를 수도 있다는 겸손의 자세를 갖게 된다. 맹목적 신념보다는 의문의 시선으로 세상을 바라보게 되는 것이다. 피렌체에서 새로운 시선으로 세상을 보기 시작한 사람들이 나타났다.

476년, 서로마가 멸망하고 긴 시간 동안 인간의 사고와 행동의 중심은 오직 신이었다. 오직 신을 찬양해야 했고, 신의 시선으로 글을 쓰고 그림을 그리고 건물을 지어야 했다. 오로지 하나의 생각만을 강요당했던 이 시기는 너무도 어두워서 인간의 정신이 한 발짝도 나아갈 수 없는 암흑의 시기로도 불린다. 인간의 개성은 심연에 묻혔고 스스로 생각하는 힘은 사라졌다. 마음속은 온통 신념으로 가득 차 다른 것은 볼 수 없는 정신적 불구 상태가 되어버렸다. 하지만 어둠은 빛을 이길 수 없듯 칠흑 같은 암흑에 생긴 조그마한 균열에 한 줄기 빛이 새어들고 있었다.

9세기, 카롤루스 대제Carolus Magnus, 재위 800~814 시기에 고대 로마제국의 영광을 재현하고자 하는 고전 문예 부흥 운동이 있었다. 12세기, 신성 로마제국 황제였던 프리드리히 2세Friedrich II, 재위 1220~1250는 헌장을 만들어 정교분리를 시도하며 교황에게 반기를 들기도 했다. 이들의 시도는 짧은 기간 동안 지속되다가 끝나고 말았다. 한 세기가 더 지나 피렌체에

∧ 단테 가묘(假墓). 단테는 피렌체에서 추방되어 이탈리아를 전전하다가
1321년 동북부의 도시 라벤나에서 눈을 감는다.
피렌체는 언젠가 단테가 꼭 돌아와 주기를 간절히 바라며 산타크로체성
당에 가묘를 조성해 놓았다.

서 변화를 향한 연쇄 폭발이 일어났다.

14세기, 유럽 최고 시인으로 일컬어지는 단테Durante Alighieri, 1265~1321
는 철저한 신 중심의 사회에도 불구하고 연인 베아트리체를 향한 사랑
의 마음을 시와 산문으로 표현한 작품『새로운 인생』을 썼다. 이후 그는
정치적 음모에 휘말려 피렌체에서 추방되어 이탈리아를 방랑하는 신세
가 되었다. 고난은 인간을 정신적으로 한 차원 더 성장시키기도 한다. 이
때 단테는 오늘까지도 최고의 작품으로 칭송받는 대서사시『신곡』을 완
성했기 때문이다. 특이하게도 이 작품은 기존 상식을 깨고 당시 국제어
이자 특권층의 언어였던 라틴어가 아닌 피렌체 사람들이 사용하던 토스
카나 방언으로 쓰였다. 이는 일반 사람들이 사용하는 언어가 아름답고
위대한 생각을 담을 수 있다는 가능성을 보여준 획기적 사건이었다. "한
언어는 군대를 거느린 한 방언이다"라는 격언이 있다.『신곡』의 강력한
영향으로 일개 방언 중 하나에 불과했던 토스카나어는 이탈리아의 다른
방언들을 물리쳤다. 이어 단번에 정상의 자리에 올라서더니 오늘날 표준
이탈리아어의 기원이 되는 영광을 차지한다. 특권층의 전유물이었던 라
틴어라는 문자 권력이 큰 도전을 받았다.

그전까지 일반 사람들은 어려운 라틴어를 몰랐기 때문에 항상 글을
아는 누군가가 해석을 해줘야 했다. 결국, 타인의 관점으로 세상을 바라
볼 수밖에 없었다. 소수의 특권층은 이를 이용하여 민중의 관점을 자신

의 이익에 부합하도록 조정하여 권력을 이어갔다. 하지만 새로운 지식이 점차 견고한 신 중심사회에 스며들었다. 민중은 스스로 읽고 생각할 수 있게 되었으며 더 나아가 자기 생각을 글로 썼다.

역사는 시간이 흘러감에 따라 계속 진보만을 거듭하는 것일까. 그러나 꼭 그렇지 않다는 것이 밝혀졌다. 스스로 생각하게 된 사람들은 자신들이 고대 로마시대보다 훨씬 뒤떨어진 문명에서 살아가고 있음을 발견하게 된 것이다. 새롭게 유입된 지식으로 사람들은 완전무결한 줄 알았던 교황의 말과 행동에 의구심을 갖기 시작했다. 신념이라는 암흑 속에서 의심이라는 새벽이 밝아오고 있었다.

르네상스, 견고한 신 중심 세계에 새어든 한 줄기 새로운 빛

오늘날 우리는 편하게 이천 년 전에 살았던 역사가와 시인이 저술한 로마의 역사와 서사시를 읽는다. 2,500년 전 그리스의 비극, 신화, 서사시는 오늘날까지 살아남아 영화와 연극에서 다양하게 변주되어 관객에게 재미와 감동을 선사한다. 오래전부터 인간의 무한한 상상력을 자극했던 다양한 고전이 순풍에 돛 단 듯 자연스럽게 오늘까지 전해졌다고 생각하면 큰 오산이다. 어둠 속에 갇혀 영원히 사라져버렸을 수도 있었던 이러한 고전들을 세상으로 건져 올린 사람들이 있었다. 피렌체 여행은 이들을 만나면서 시작된다.

14세기 초 유럽에 유서 깊은 수도원 도서관을 찾아 헤매는 사람이 있었다. 피렌체 출신 시인이었던 페트라르카Francesco Petrarca, 1304~1374는 그곳에서 고대 로마의 역사를 기록한 문서뿐만 아니라 위인들의 중요한 연설문을 발견한다. 그는 수도원 어두침침한 한쪽 구석에서 소멸의 위기에 처해있었던 책을 필사하여 세상에 내놓았다. 책이 다시 생명을 얻은 것이다. 페트라르카의 발견으로 시작된 고대 지식의 공유는 그를 따르던 사람들에게 커다란 영감을 주었다. 이후 고대 문헌을 발견하여 필사하고 편집하여 유통하는 사람들이 늘어났다. 이로써 인문학humanitas의 기초가 만들어졌다. 이렇게 고대 그리스어와 라틴어로 된 문헌을 읽고 연구하는 사람들을 가리켜 인문학자라고 부르기 시작했다.

그들은 단순히 고대 문헌을 베껴 쓰고 내용을 모방하는 수준에서 그치지 않았다. 그 속에 들어 있는 함의를 탐구하여 당대에 적용할 수 있는 새로운 지혜를 찾고자 했다. 그뿐만 아니라 비교·분석을 통해 오류를 찾아내는 비판적인 시각까지 겸비하였다. 인문학자들은 그동안 당연시 여겨졌던 교황과 황제 중심의 세계가 과거부터 이어져 온 전통이 아니라, 로마 멸망 이후 필요 때문에 급조된 인습이었다는 사실을 발견한다. 인문학자 로렌초 발라Lorenzo Valla는 그동안 교황이 황제와 대립할 때마다 매번 서방 세계의 우위권을 주장하며 제시했던 '콘스탄티누스 기증 문서'가 거짓 문서임을 밝혀냈다. 잊혔던 과거를 찾아내어 현재라는 거울에 비추자 고대 로마의 문명과 단절되어 한참 뒤떨어져 있던 자신들의 모습이 적나라하게 드러났다.

비잔티움 제국이 오스만 제국에 무너졌을 때 많은 그리스 학자들이 고전을 들고 피렌체로 들어왔다. 이때 피렌체의 많은 학자가 그동안 라틴어, 아랍어로 번역되어 전해오던 고대 그리스 지식을 원문으로 접하게 되었다. 학자들의 세상을 바라보는 관점은 전보다 더욱더 깊고 폭넓게 확장되었다. 언어는 사고를 규정한다. 어떤 언어를 말하고 쓰는가에 따라 우리의 생각도 크게 달라진다. 잊혔던 고대 텍스트와의 만남은 사람들에게 새로운 생각을 품게 하여 전과 다르게 행동할 수 있도록 강력한 동기를 부여했다. 문학, 건축, 조각, 특히 회화 분야는 전과 다른 새로운 방향으로 발전한다.

∨ 파치 예배당 중정. 로마 양식의 특징인 반원형 아치와
　균형, 비율, 대칭이 절묘하게 조화된 열주가 만든 공간이 무척 세련되어 보인다.

특히 베키오궁 정문 쪽에 있는 오픈된 회랑인 로자 데이 란치Loggia dei Lanzi는 관광객의 관심을 끈다. 코시모 1세 때 스위스 창기병의 근무 장소로 사용되었던 이곳 회랑은 이제 그리스·로마 신화와 트로이아 전쟁을 모티프로 한 뛰어난 작품이 모여있는 야외박물관이 되었기 때문이다. 비록 광장에 있는 작품들은 모두 복제품이지만 박물관에 갈 수 없는 바쁜 관광객에게는 도나텔로, 미켈란젤로 같은 르네상스를 대표하는 조각가의 작품을 접할 수 있다는 점에서 의미가 있다. 또한, 날씨 궂은 날 이곳만큼 눈, 비를 피할 수 있는 매력적인 장소가 또 있을까.

광장 한가운데 높이 서 있는 코시모 1세 기마상도 눈길을 끈다. 자유 시민의 도시였던 피렌체에 절대 권위의 냄새가 물씬 풍기는 기마상을 세워놓았다는 것이 선뜻 이해하기 힘든 부분이다. 기마상이 이곳에 세워진 이유를 확인하기 위해 메디치 가문을 살펴봐야 한다. 르네상스 하면 종국에는 메디치가로 연결되는 이유 때문에도 반드시 한 번쯤은 언급되어야 한다.

중세시대 피렌체는 유럽의 변방 도시에 불과했다. 1239년 이탈리아 북부 롬바르디아 지역에서 내려온 우밀리아티Umiliati 수도사들이 피렌체에서 모직 사업을 시작하면서 상황은 급변한다. 그들은 영국 코츠월드Cotswolds에서 수입한 최고급 양모로 천을 짜고 고운 물을 들여 부가가치가 높은 상품으로 만들었다. 이렇게 만들어진 유럽 최고의 모직 제품은 전 유럽으로 수출되었고 도시는 부유해졌다. 피렌체의 많은 길드직공조합 중 특히 양모 길드의 정치적인 입지가 높아진 것도 이들의 경제적인 성장과 무관하지 않다.

시의회는 날로 성장하는 도시에 어울릴 만한 건축물이 필요하다고 생각했고, 13세기 말 최고의 석공이었던 아르놀포 디 캄비오Arnolfo di Cambio, 1254~1302에게 베키오궁과 산타마리아 대성당 건설을 맡겼다. 이때부터 오늘날과 같은 고색창연한 도시가 만들어지기 시작했다.

15세기 초 피렌체에는 스트로치, 파치, 알비치 같은 내로라하는 귀족 가문이 있었으나 메디치가는 은행업으로 부를 쌓은 평범함 중산층 가문에 불과했다. 이 가문이 앞으로 350년간 피렌체의 정계를 이끌어 나갈지는 아무도 상상하지 못했다. 메디치가는 대대로 공직의 진출보다는 평민의 권익을 위해 귀족과 싸웠다. 이런 전통은 자연스럽게 시민들에게 많은 호감을 주었고 정치적인 영향력을 강화할 수 있었다. 하지만 시민들의 인기라는 것은 메디치가의 운명을 좌우하는 양날의 검 같은 것이었다. 인기가 떨어지면 가차 없이 도시에서 추방될 수 있었으며, 메디치가는 실제로 세 번이나 도시에서 추방되기도 했다.

메디치 가문이 크게 도약할 수 있도록 계기를 만든 인물은 코시모 데 메디치Cosimo de´ Medici, 1389~1464였다. 그는 은행업으로 쌓은 재력과 시민들의 인기를 바탕으로 15세기 초반 피렌체의 실질적인 권력자가 되었다. 비록 알비치가의 음모로 한 차례 추방되는 아픔도 겪지만 1년 만에 복귀하여 정적들에게 복수하지 않고 관용을 베풀자 시민들에게 큰 신망을 얻었다.

코시모는 흑사병과 전쟁으로 점철된 지난 세기의 아픔을 뒤로하고 신성로마제국, 프랑스, 나폴리 사이에서 중립외교 전략으로 정치를 안정시켰다. 특히, 1437년 교황과 비잔티움의 황제가 만나는 중요한 공의회를 피렌체에서 성사시켰던 점은 눈여겨볼 만하다. 피렌체의 인문학자들은 황제를 동행했던 수행단을 통해 고대 그리스에 관한 지식을 새롭게 접하게 되었고 이는 후기 르네상스를 이끄는 원동력이 되었기 때문이다. 그동안 존재감 없었던 피렌체와 메디치가가 전 유럽에 알려지기 시작한 것도 이때부터였다. 코시모는 학문과 예술에 대한 아낌없는 후원자로서도 유명했는데 이를 통해 초기 르네상스가 꽃을 피웠고 유럽에서 피렌체 위상은 더욱더 높아졌다. 시민들은 도시의 품격을 높인 코시모에게 '국부Pater Patriae'라는 호칭을 붙여 경의를 표하였다.

코시모의 손자 로렌초 데 메디치Lorenzo de´ Medici, 1449~1492는 피렌체를 역사상 가장 강하고 부유하게 함으로써 최고의 존경을 받는다. 그 자신도 예술, 문학, 철학 분야에서 탁월한 능력을 보여줬다. 주변 도시에서 피렌체를 방문했던 사람들은 단순히 부의 축적 수단으로 전락한 돈이

∧ 산로렌초 성당. 메디치가의 주요 인사들이 잠들어 있는 곳이다.
　정면의 파사드는 미켈란젤로에게 장식을 맡겼지만 끝내 작업이 이뤄지지는 못했다.

사회를 변화시키는데 얼마나 가치 있게 쓰일 수 있는지를 깨닫게 되었다. 시민들은 세련되고 자부심 넘치는 피렌체를 건설한 로렌초에게 '위대한 자Lorenzo il Magnifico'라는 호칭을 붙여주었다.

　메디치가가 유럽 여타의 가문들과 다르게 현재까지 존경받는 이유 중 하나가 학자들과 예술가들에게 거의 무제한의 후원을 베풀었다는 점이다. 누구에게나 도전만 한다면 마음껏 자신의 분야를 연구할 수 있도록 경제적인 지원을 아끼지 않았다. 천재는 태어나기도 했지만, 피렌체의 자유롭고 관용적인 환경에서 만들어지기도 했다. 이런 분위기에서 세상의 모든 것을 알기 위한 더욱더 많은 아이디어가 나오고 도전이 실행되었다. 메디치가를 선장으로 한 거대한 피렌체 호는 세상을 바꿔보고 싶은 혁신적인 선원들의 활약과 함께 험난한 중세의 바다를 건너 근대라는 미지의 영역으로 막 들어서고 있었다.

집념이 만들어낸
메디치가 교황

귀족도 아닌 은행업에 종사하던 평범한 메디치가는 어떻게 피렌체를 넘어 유럽의 유력 가문으로 성장할 수 있었을까. 그 시작은 메디치가에서 교황을 배출하면서부터였을 것이다. 이때부터 프랑스 왕실과 사돈을 맺으며 외연을 확장했고, 마침내 대관식을 통해 토스카나 지방의 군주로까지 지위가 격상되었기 때문이다. 평범한 가문에서의 교황 배출은 위대한 자 로렌초의 집념과 장기적인 계획이 있었기에 가능한 일이었다.

피렌체의 전성기를 이끈 '위대한 자' 로렌초는 수많은 성공에도 불구하고 여전히 가슴 한편에 불안한 무엇인가가 있었다. 오랜 시간 공들여 쌓은 탑도 시민들의 인기가 식으면 한순간 무너져 버리는 모래성일 수밖에 없었기 때문이다. 절대적 권한을 갖은 군주가 되지 못하는 한 언젠가 발생할 수밖에 없는 위기 상황에서 가문을 보호해 줄 든든한 버팀목이 필요했다. 그가 생각할 때 그것은 종교의 권력이었다. 추기경을 넘어 교황을 배출한다면, 메디치가의 영속을 보장받을 수 있으리라 생각했다. 그는 장기적 목표를 세우고 기초작업에 들어갔다.

우선 자신의 딸을 인노켄티우스 8세Innocentius VIII, 재위 1484~1492 교황의 아들과 결혼시켜 교황청과의 돈독한 관계를 다졌다. 또한, 교황청의 행사에 적극적으로 참여함으로써 자신의 차남인 조반니추후, 교황 레오 10세를 최연소 추기경으로 만드는 것에 성공한다. 교황은 추기경들의 투표로 선출되기 때문에 메디치가의 교황 만들기 프로젝트는 더욱 탄력을 받았다.

1492년, 로렌초는 아쉽게도 꿈을 이루지 못하고 세상을 떠났다. 그 뒤를 이었던 장남 피에로Piero de´ Medici, 1471~1503가 프랑스의 침략에 제대로 된 대처를 못하자 시민들에게 인기를 잃었고 메디치가는 피렌체에서 추방당해 외로운 방랑길에 올랐다. 메디치가는 역사에서 사라질 수도 있었다. 그러나 메디치가는 끈질기게 살아남았고, 피렌체를 떠난 지 무려 18년 만에 다시 금의환향했다. 이듬해에는 로렌초의 소원대로 차남 조반니가 마침내 레오 10세 교황에 등극하는 역사적인 사건이 일어났다.

∧ 레오 10세. 로렌초의 차남 조반니는 18년간의 방랑을 마치고
1513년 레오 10세로 메디치가 최초의 교황이 되었다.
왼쪽의 사촌 줄리오 또한 이후 클레멘스 7세로 교황이 되었다.

학문과 예술의 대변자였던 메디치가에서 교황이 선출되자 로마의 분위기가 달라지기 시작했다. 고대 라틴어와 그리스어로 된 서적들이 출판되기 시작했고, 대학이 설립되어 유럽의 손꼽히는 학자들이 초빙되어 다채로운 학문의 장이 열렸다. 이내 전 유럽의 학자와 예술가들이 든든한 후원 역할을 하는 교황청을 찾아오자 로마는 순식간에 국제도시로 변신했다.

언제 없어져도 이상할 것 없었던 메디치가는 시민들과 함께 성장했고 그 와중에 세 번이나 도시에서 추방당하는 시련을 겪었다. 18년간의 방랑 생활로 최대의 위기를 맞았지만 쉽게 포기하지 않았고 넘어진 자리에서 훌훌 털고 다시 일어섰다. 메디치가는 장기적인 안목으로 사람에 투자하여 결국 세계 가톨릭 수장인 교황을 배출했다. 위대한 자 로렌초의 꿈이 이뤄진 것이다.

유럽에 유력 가문은 많다. 그러나 메디치가처럼 인류의 발전에 공헌한 가문을 찾기란 쉽지 않다. 그들로 인해 인간은 자신의 힘으로 세상을 바라볼 수 있게 되었다. 메디치가는 역사에서 사라졌지만 그들이 남긴 업적은 불후의 명성을 얻어 현재까지도 피렌체에 살아 숨을 쉰다.

코시모 1세,
유럽의 왕들과 어깨를 겨루다

시뇨리아 광장에 놓인 기마상의 주인공은 피렌체 최초의 군주였던 코시모 1세 데 메디치Cosimo I de´ Medici, 재위 1569~1574이다. 그토록 자유를 외쳤던 피렌체 시민들이 왜 광장의 한쪽에 공화국과 대척점에 있는 군주국의 상징인 기마상을 설치하게 되었을까.

메디치가가 피렌체에서 추방당하자 사보나롤라Savonarola, 1452~1498라는 과격한 원리주의 수도사가 그 공백을 채웠다. 그는 메디치가가 만든 그리스 · 로마풍의 이교도 분위기가 넘쳐나는 피렌체를 비난하고 나섰다. 타락으로 치닫고 있었던 교황청 또한 개혁의 대상이었다. 사보나롤

∧ 코시모 1세 동상. 공화국이었던 피렌체는 코시모 1세부터 대공국으로 군주제 길을 걷는다.
200년 후 메디치가의 마지막 자손이었던 안나가 죽기 전 오스트리아와 협상을 통해
메디치가의 모든 예술품이 피렌체 밖으로 반출되지 않도록 했다.

라는 자유가 넘쳤던 피렌체를 청교도 도시로 바꿔버렸다. 도시의 역동성
은 깡그리 사라져버렸고 중세의 획일화된 경직된 문화가 부활했다. 학
자들과 예술가들은 자유와 후원자를 찾아 로마나 베네치아로 흘러 들어
갔다. 역사는 후퇴하기 시작했다. 100년간 힘겹게 쌓아 올린 메디치가의
노력이 한순간에 물거품이 되었다. 메디치궁전은 시민들에게 약탈당했
고 어렵게 모았던 귀중한 고대 수집품도 다 흩어져 버렸다. 결국, 사보나
롤나는 4년 후 교황 군에 의해 제거되고 만다. 피렌체는 청교도적인 삶
에서는 벗어났으나 메디치가가 떠난 후 도시의 활력은 사라지고 이내

몰락하기 시작했다.

피렌체가 유럽의 이름 없는 변방 소도시로 전락해가던 1537년 무렵, 위대한 자 로렌초의 증손자인 코시모가 다시 피렌체의 정권을 잡으며 도시는 제2의 전성기를 맞는다. 오랜 기간 전쟁과 가난에 지쳤던 피렌체는 200년 이상 유지해온 공화정을 버리고 코시모를 주축으로 하는 군주제를 도입했다.

코시모 통치 시기 피렌체는 위대한 자 로렌초 시기의 두 배나 되는 역사상 가장 넓은 영토를 차지했고, 쇠락했던 상공업이 다시 활력을 얻으면서 예전의 명성을 되찾았다. 오늘날 토스카나 지방의 아름답고 전원적인 풍경을 만든 올리브 나무의 향연도 당시 농업 육성 사업의 결과이며, 전 세계 관광객을 끌어들이는 우피치 미술관도 이때 건설되었다. 이밖에 해군을 육성하여 해적을 소탕하고 대외무역을 안정시켰던 점 또한 눈여겨볼 만하다.

이러한 코시모의 노력에는 메디치가의 전통처럼 장기적인 목표가 숨어있었다. 일개 신성로마제국의 대리인 격인 공국을 넘어 하나의 왕국을 만든다는 야심 찬 포부였다. 그는 자신의 장남을 황제의 딸과 결혼시키면서 목표의 7부 능선까지 다다랐다. 이후 유럽의 왕들이 종교전쟁으로 정신없는 틈을 타 교황에게 '토스카나 대공'의 칙서를 받아내는 데도 성공하여 1570년 로마에서 교황에게 왕관을 받기에 이른다. 마침내 피렌체는 코시모가 그토록 염원했던 프랑스나 나폴리 왕국과 동급인 '토스카나 대공국'으로 격상되었고, 메디치가는 유럽의 왕들과 어깨를 나란히 하며 향후 170년간의 역사를 더 이어간다.

코시모 1세는 엄혹한 전제정치로 과오도 많이 남겼지만, 피렌체 시민들은 피렌체를 다시 부흥시킨 그를 환호했다. 오늘날 시뇨리아 광장에 서 있는 그의 기마상은 비록 시민들의 자유를 제약했지만, 피렌체의 위상을 다시 한번 유럽에 드높인 공로는 인정한다는 의미처럼 보이기도 한다.

브루넬레스키 돔,
세상에서 가장 크고 아름다운 꽃봉오리

이탈리아를 여행하다 보면 '두오모Duomo'라는 말을 자주 듣는다. 얼핏 건물의 천장을 덮는 구 형태의 돔을 생각하기 쉽지만, 주교좌가 있는 '대성당'이라는 뜻으로 라틴어 도무스Domus에서 유래되었다. 기독교 박해 시기 기독교인들은 당국의 눈을 피해 로마의 전통가옥인 도무스에 모여 예배를 드렸다. 시간이 흘러 기독교 시대가 되면서 도무스는 신의 거처, 즉 대성당의 뜻을 가진 두오모로 발전한다.

이탈리아 주요 도시마다 대성당이 있지만, 피렌체의 대성당은 특별하다. 산타마리아 대성당으로 알려진 이곳은 로마의 판테온 이후 1,300년 만에 야심 차게 시도한 돌로 쌓아 올린 세상에서 가장 큰 돔 건축물이기 때문이다. 사람들은 돔을 설계한 건축가의 이름을 기념하여 '브루넬레스키 돔'이라고 부른다.

상공업의 발전과 함께 황제와 귀족이 씌운 굴레를 벗어버리고 자유를 쟁취해낸 피렌체 시민들은 자유라는 정신을 담은 건축물을 만들기로 마음먹었다. 13세기 말, 드디어 산타마리아 대성당의 주춧돌을 놓았다. 대성당 건설 기간 중 발생한 흑사병, 밀라노와 전쟁으로 부침도 많았지만, 최대 난관은 50년째 미완성인 상태로 남아 있었던 주 돔이었다.

돔의 설계자조차 언젠가 이를 해결해줄 메시아 같은 존재를 기다릴 뿐 딱히 해결방법을 제시하지 못했다. 시 위원회는 1418년 많은 상금을 걸고 공모전을 실시했다. 이때 혜성같이 등장한 필리포 브루넬레스키 Filippo Brunelleschi, 1377~1446라는 신예 건축가의 파격적인 제안서가 당선되었다. 내부 중앙 목재 틀을 사용하지 않고도 50m 높이에서 지름 45m의 돔을 쌓을 수 있다고 자신하는 필리포의 설계안은 파격이자 그야말로 불가능을 향한 도전이었다.

이제 막 41세로 접어든 그는 20년 전 산 조반니 세례당에 설치할 청동 문 제작 공모전에 참가했지만 강력한 경쟁상대 기베르티로 인해 고배를 마셨다. 그는 그동안의 쌓아온 금세공 경력을 과감히 접어버리고

∧ 브루넬레스키 돔. 브루넬레스키는 누구도 불가능할 것으로 생각했던 돔을 쌓아 올리면서
  건축가를 넘어선 천재라는 칭호를 부여받았다.

자신이 더 잘할 수 있는 분야를 찾아야겠다는 위대한 결정을 한다. 그길로 친구 도나텔로와 함께 로마로 가서 15년간 머물며 고대 건축을 연구한다. 특히 하드리아누스 황제 때 건설된 판테온의 돔은 그에게 많은 영감을 주었던 것으로 보인다.

건축가가 되어 피렌체로 복귀한 필리포는 대성당 돔 공사에서 15년 동안 갈고 닦은 새로운 능력을 펼쳐 보이고 싶었을 것이다. 그가 제안한 돔의 폭은 45m로 당시 최대 규모였던 로마의 판테온보다도 2m가량 컸다. 만약 성공한다면 세상에서 가장 큰 돔을 만든 건축가로 불후의 명성을 차지하는 것이다.

공사 진행 과정은 그리 순조롭지 않았다. 피사에서 실려 오는 대리석 운반을 위해 직접 설계한 수송선이 침몰했다. 어쩔 수 없이 자신의 비용으로 손실을 메워야 했다. 또 몇 차례 발생한 주변국과의 전쟁으로 공사가 지연되었다. 필리포를 시기하는 사람들의 모함으로 2주간 감옥에 갇히기도 하고 자신의 집에서 일하던 제자가 재산을 들고 도주하는 바람에 마음고생을 하기도 한다. 다사다난한 작업 기간이었다.

공사가 시작된 지 16년 만인 1436년 8월, 마침내 400만 장의 벽돌을 사용해 3,700t 무게를 가진 세상에서 가장 큰 돔이 대성당 위에 올려졌다. 피렌체에서 그토록 열망했던 "토스카나 지방에서 가장 아름답고 거룩한 성당"을 넘어, 세계 건축사상 유례없는 경이로운 건축물의 탄생이었다. 그 중심에는 숱한 부침에도 포기하지 않고 끈기 있게 작업에 매달린 필리포가 있었다. 10년 후 필리포가 세상을 떠나자 시민들은 도시의 품격을 끌어 올려준 그를 대성당 돔 아래 안장함으로써 최고의 경의를 표했다. 바사리는 "고대 그리스와 로마 시대부터 오늘에 이르기까지 그보다 더 유능하고 훌륭한 예술가는 없었다"며 그의 마지막을 기렸다.

중세시대까지 건축이나 조각, 회화 분야에 종사하는 장인들은 단순 기술자로만 취급되었다. '브루넬레스키 돔'이 건설된 이후 장인에 대한 사회적 인식이 크게 바뀌었다. 어떠한 분야든 창의적인 아이디어로 뛰어난 기량을 보인다면 그들을 아티스트로 존경하기 시작했다. 스스로 생각하고 창조하는 근대의 시작을 알리는 신호탄은 이렇게 쏘아 올려졌다.

산타마리아 대성당에 있는 필리포의 묘비명에서 건축가라는 단어는 찾을 수 없다.

"피렌체의 위대한 천재 필리포 브루넬레스키 여기 잠들다."

돔 아래에는 건축가를 넘어 새로운 예술의 경지를 이뤄냈던 천재만이 잠들어 있는 것이다.

모험가들,
세상의 대륙을 잇다

항상 경계를 넘는 사람들이 있다. 돈이 이들에게 유일한 목적은 아니다. 이들은 호기심이라는 횃불을 들고 인간의 손길이 한 번도 닿지 않았던 미지의 영역으로 들어가기를 주저하지 않는다. 16세기 이후 유럽 곳곳에서 등장한 모험가들이 지구를 둘러싸고 있던 짙은 안개를 걷어버리자 전혀 다른 세상에 살아왔던 사람들이 서로 연결되었다.

15세기, 피렌체에서 시작된 새로운 지식의 유입으로 항해술 분야에서 큰 도약이 이뤄졌다. 정상까지 높이가 100m가 넘는 '브루넬레스키 돔'은 분지 지형으로 인해 피렌체를 자주 덮어버리는 안개를 뚫고 솟아있

∧ 콜럼버스 무덤(세비야). 콜럼버스의 유언에 따라 그는 신대륙에 묻혔으나 스페인 식민지가 독립하자 후손들은 유해를 스페인으로 옮겨왔다. 그리고 대항해시대 주요 역할을 했던 도시인 세비야의 대성 당에 안장했다.

다. 그 때문에 이곳은 환경의 제약 없이 태양과 별의 움직임에 대한 정교한 데이터를 축적할 수 있는 최적의 과학실험 장소였다. 이를 통해 적도만 넘어가면 사라져 버리는 북극성 때문에 불가능하다고 여겨졌던 남반구 항해가 가능해졌다. 이때부터 오랜 시간 각자의 길을 걸어왔던 기술과 과학의 영역이 이제 함께 협동하며 가공할 만한 시너지를 만들었다.

제노바 출신의 콜럼버스Christopher Columbus, 1450~1506는 아프리카를 돌

아 동쪽으로 가는 인도 항로를 개척한 포르투갈과는 달리 대서양을 가로질러 인도로 도착하는 서쪽 항로를 개척하고자 했다. 그는 세 척의 아담한 선단을 이끌고 팔로스항에서 닻을 올렸고, 두 달간의 항해 끝에 결국 육지를 발견했다. 콜럼버스는 죽을 때까지 자신이 발견한 곳을 인도라고 믿었지만, 그곳은 유럽인들에게 새롭게 발견된 곳이었다.

당시 사람들도 지구가 둥글다는 것은 이론상으로만 알고 있었지만, 누구도 자신의 목숨을 담보로 직접 증명해볼 엄두를 못 냈다. 정교한 천문관측을 바탕으로 만들어진 항해술 없이 연안을 벗어나 대양으로 항해한다는 것은 자살행위나 다름없었다. 그러던 중 경계를 넘어 신의 영역이라 여겨지는 곳을 엿보기 시작한 야심 넘치는 모험가들이 등장했다.

피렌체 출신의 지도학자 겸 항해사였던 아메리고 베스푸치Amerigo Ves-pucci, 1454~1512는 4번의 대서양 항해 끝에 콜럼버스가 인도라고 주장한 곳은 유럽인에게 전인미답의 신대륙이었음을 밝혀냈다. 아메리고는 자신의 주장을 담은 서신을 피렌체 후원자들에게 보냈다. 그의 서신은 베네치아령 비첸차에서 대량 인쇄되어 전 유럽으로 전파되었다. 독일의 한 지도업자는 자신이 제작한 새로운 세계 지도에 신대륙을 추가했으며, 그곳의 이름을 아메리고의 노고를 기리며 '아메리카America'라고 표기한다. 새로운 지도가 유럽에 퍼져나가면서 신대륙의 이름은 오늘날처럼 아메리카로 불리게 되었다. 역사의 아이러니가 바로 이런 것일까. 누가 더 빨리 발견했느냐보다 누가 더 합리적으로 증명했느냐가 중요했다. 남미의 한 나라와 카리브해에 모래알처럼 흩어져 있는 섬에 각각 콜롬비아와 서인도 제도라는 이름이 붙으며 콜럼버스의 노력이 역사에서 지워지지 않고 겨우 살아남았다.

스페인 출신의 탐험가 발보아는 1513년 9월, 죽음의 위협을 무릅쓰고 파나마 지협 횡단에 성공해 태평양을 본 최초의 유럽인이 되었다. 이로써 인류는 대서양 이외에 태평양이라는 거대한 바다가 있다는 사실을 알게 되었다. 이후 포르투갈의 탐험가 마젤란이 이끈 선단은 대서양을 건너 남미를 돌아 태평양을 횡단해 유럽으로 복귀함으로써 지구가 둥글다는 사실을 직접 증명하기도 했다. 오랜 시간 떨어져 있었던 대륙들이 모험가들에 의해 서로 연결되자 진정한 세계사가 시작되었다.

일반 사람들은 저 너머에는 무엇이 있을까 하고 생각만 하고 끝낸다. 한편, 어떤 이들은 호기심과 열정을 참지 못하고 저 너머에 있는 것을 확인하기 위해 선을 넘어선다. 새로운 지식의 유입으로 촉발된 르네상스 시대를 맞아, 이때 등장한 다양한 분야에서 경계를 밥 먹듯 드나드는 이들로 인해 세상은 진보했다. 르네상스 시대는 '고인 물은 썩기 마련이고, 비워야 새로운 것으로 채울 수 있다는 것'을 여실히 보여준 시대이기도 했다.

세 번째 길

베네치아, 자유의 길

"인간은 자유롭다.
그러나 스스로를 믿지 않을 때는 결코 자유롭지 못하다.
인간이 주어진 운명의 길을 잠자코 좇아가기만 한다면,
신이 인간에게 '이성'을 허락하면서 부여한 힘을
스스로 포기하는 것이나 다름없다"

- 『불멸의 유혹_카사노바 자서전』, 자코모 카사노바

베네치아

라페니체
오페라 극장

콘타리니 델
보볼로 궁전

코레르 박물관

카페 플로리안

산마르코 광장

미르치아나
도서관

산마르코
대성당

산마르코
종각 기둥

두칼레 궁전

지우의 다리

산타프조체 구

대운하

카나레조 구

산마르코 구

산폴로 구

산타크로체 구

신 공장 구

리알토 다리

카스텔로 구

산마르코 구

야만족의 침입,
그래서 그들은 바다로 갔다

전 세계 곳곳에서 베네치아와 비슷한 물의 도시나 마을 혹은 섬을 찾을 수 있다. 하지만 베네치아가 걸어온 장구한 역사와 도시의 아름다움은 여전히 타의 추종을 불허한다. 석호 한가운데에 흩뿌려진 150개의 섬이 410개의 다리로 연결되고, 그 안팎을 180개의 크고 작은 운하가 혈관처럼 사통팔달로 뻗어 나가자 비로소 살아 숨 쉬는 물의 도시 베네치아가 탄생했다.

이탈리아 본토와 베네치아가 다리로 연결된 때는 20세기 초반으로 비교적 최근의 일이다. 옆 동네를 이동할 때 걷거나 말로 달리는 것보다

배를 타는 것이 더 익숙했던 그리스인처럼, 베네치아 안에서 여전히 선호되는 이동 수단은 대운하를 왕복하는 바포레토와 같은 수상 버스와 소운하를 유유자적 떠다니는 곤돌라다. 이들은 어떤 이유로 거친 바다에 도시를 세우게 되었을까.

이탈리아의 유서 깊은 도시들은 기본 이천 년 이상의 찬란한 역사를 자랑한다. 그에 비해 베네치아의 역사는 비교적 늦게 시작된 편에 속한다. 5세기가 되면 알프스를 넘어온 무시무시한 야만인들, 그 뒤를 이은 신의 채찍을 들고 찾아온 전대미문의 약탈자 훈족에 의해 로마제국은 무너졌고 이탈리아는 무정부 상태에 빠진다. 이탈리아 동북부 아드리아해 부근에 오래전부터 거주했던 사람들은 신속히 도망가야 했지만 시기

∨ 피아제타. 베네치아의 핵심부인 산마르코 광장과 연결되는 작은 광장이다.

를 놓쳐 사면초가의 상황에 빠지고 말았다. 절망에 빠진 사람들은 아드리아해로 눈길을 돌렸고 눈 앞에 펼쳐진 개펄지대는 그들이 도망갈 수 있는 마지막 선택지였다. 어차피 한 번 죽는 거였다.

그래서 그들은 바다로 갔다. 포Pho강이 아드리아해로 빠져나가며 만든 석호 근처 섬으로 들어가 임시 피난처를 만들었다. 바다를 모르고 살았던 야만인들은 감히 바다를 건너 공격할 엄두를 내지 못했다. 난민들은 바다에 있을 때 안전하다는 것을 깨닫고 개펄에 운하를 파서 뱃길을 만들고 주변 고지대를 간척해 삶의 터전을 넓혔다. 자유를 찾아 바다로 간 사람들에 의해 베네치아의 역사는 시작되었다.

베네치아인은 물고기를 잡아서 생계를 이어나갈 수 있었지만, 장기적 관점에서 좀 더 근본적이고 지속 가능한 생산수단이 필요했다. 그들은 주변 개펄을 이용해 고급 품질의 소금을 생산해냈다. 당시 소금은 금과 맞먹을 정도로 귀한 대접을 받았는데 특히 육지에서 얻는 암염에 비해 바다에서 생산되는 천일염은 그 가치가 비교할 수 없을 만큼 높았다. 이렇게 천일염을 배에 싣고 주변 도시와 무역하기 시작했고 더 큰 시장을 찾기 위한 원거리 항해 연구가 이뤄지면서 조선술과 항해술이 함께 발전했다. 이렇게 자유를 찾아 바다로 간 사람들이 베네치아를 만들었다.

그들은 거친 바다로 나갈 수밖에 없는 운명이었지만 희망을 버리지 않았다. 인생을 운명에만 맡기지 않고 스스로 행동하여 기회를 만들었다. 또한, 강한 의지를 가진 인간은 지옥에서도 살아남을 수 있다는 것을 믿었다. 저승에 갔다가 다시 살아 돌아온 아이네아스도 그들의 선조라는 것을 그들은 잊지 않았다.

포효하는 사자,
개펄에서 피어난 희망이란 꽃

베네치아를 여행할 때 자주 마주치는 동물이 있다. 한 손에 성경을 들고 있는 날개 달린 사자다. 선박의 깃발, 성당의 벽면, 광장의 높은 기둥 위에서 사자는 당연한 듯 당당한 포즈를 취한다. 세계 3대 예술 영화제로 유명한 베네치아 국제영화제의 최고상도 황금사자상이다. 날개 달린 사자가 베네치아의 상징이 된 연유를 알게 된다면 길에서 만나는 사자가 더욱더 각별한 의미로 다가올 것이다.

6세기 이탈리아 동북부를 침략한 랑고바르드족은 게르만족의 일파로 이전 침략자 고트족보다 더욱더 잔인했다. 서로마제국은 이미 게르만족에 의해 멸망했고, 그나마 로마의 명맥을 이어가던 비잔티움 제국은 베네치아를 보호해 주기에는 너무 멀리 있었고 힘도 부족했다. 야만족에게 쫓기던 피난민들은 한 세기 전 바다로 피신했던 베네치아인을 찾아가 그들에게 의탁했다. 섬에 점점 사람이 많아지자 기존의 땅으로는 피난민들의 수용이 어렵게 되었다. 갈 곳 없는 피난민들을 못 들어오게 할 수도 없고, 그렇다고 한정된 땅에서 그 많은 인원이 함께 생활하기는 더욱더 어려운 설상가상의 상황이었다.

∨ 리알토 다리. 대운하를 연결하는 네 개의 다리 중 가장 오래되었다.
산마르코 지구와 산폴로 지구를 연결한다.

이때 베네치아인은 위대한 결정을 한다. 땅이 없으면 만들면 된다는 극히 단순하면서도 혁신적인 아이디어였다. 그들은 석호 한가운데에 위치해 방어하기 적합하면서 상대적으로 높은 지대였던 리알토'높은 제방'이라는 뜻 지역을 눈여겨봤다. 지대가 높은 리알토는 깊고 넓은 운하를 끼고 있어 큰 배를 이용해 해상 무역을 할 수 있는 최적의 장소였다. 9세기부터 리알토 주변으로 오리나무 기둥을 촘촘히 박아 그 위를 흙으로 다지고 돌을 깔았다. 단단해진 지반 위로 성당, 관공서와 같은 공공 건물이 들어서자 베네치아는 비로소 도시의 면모를 갖추기 시작했다.

베네치아에는 농사지을 땅 한 구석도 없었기 때문에 사람들은 살아남기 위해 바다로 나가 무역을 해야만 했다. 어쩔 수 없이 바다로 나가게 되었지만, 그 때문에 새로운 사실을 깨닫기도 했다. "나를 죽일 수 없는 고통은 나를 더욱더 강하게 만든다"라고 했던 니체의 말처럼, 고난을 이겨내는 과정에서 그들 내면에 잠들어 있던 상인의 기질을 발견하게 된 것이다. 상인은 인종과 종교를 가리지 않는다. 그들은 이익이 된다면 지옥까지 가서라도 거래를 할 자신이 있었다.

7세기, 아라비아 사막에서 시작된 이슬람의 바람은 백 년도 안 되어 북아프리카, 아시아 심지어 지브롤터 해협을 건너 유럽의 서쪽 끝 이베리아반도까지 거세게 불어닥쳤다. 이슬람의 바람은 엄청난 기세를 타고 피레네산맥을 넘어 유럽으로 진군했지만, 그곳을 지키던 프랑크 왕국에 의해 광풍은 겨우 잦아들었다. 이슬람 세력은 수시로 비잔티움 제국도 위협했다. 첨예한 기독교와 이슬람의 대치 국면에서도 베네치아는 유럽보다 발전된 문명을 가진 이슬람 세계와 거래를 이어갔다. 그들에게 삶이란 교황의 협박과 파문으로도 막을 수 없는 소중한 가치였기 때문이다.

828년은 베네치아 역사에서 아주 중요한 해이다. 두 명의 베네치아 상인이 이집트 알렉산드리아의 한 수도원에서 '마가 성인『마가복음』의 저자'의 유해를 베네치아로 가져왔기 때문이다. 이로써 베네치아는 로마성베드로와 피렌체세례자 성요한에 필적하는 수호성인을 가짐으로써 그들 도시와 어깨를 나란히 할 수 있었다. 그전까지 베네치아 수호성인 지위에 있던 비잔티움 출신의 '성테오도로'는 갑자기 나타난 경쟁자에게 조용히 자신의 자리를 넘겨줘야 했다.

날개 달린 사자는 마가 성인을 상징하는 동물이다. 마가 성인의 유해는 산마르코 대성당에 안치되었고, 대신 상징물인 날개 달린 사자가 도시 곳곳에 배치되어 도시를 수호한다. 포효하는 용맹스러운 사자처럼, 베네치아는 아드리아해를 넘어 지중해 전역으로 세력을 뻗쳐나갔다. 이렇게 아무것도 없었던 개펄에서 희망이라는 꽃을 피워 냈다.

네 마리 청동 말,
아드리아해를 넘어 지중해로 나아가다

산마르코 광장에서 단연 관광객의 시선을 압도하는 건물은 산마르코 대성당이다. 건물의 규모뿐 아니라 이국적이고 화려한 건축양식으로 인해 동방의 어느 나라에 있는 듯한 착각을 불러일으킨다. 휘황찬란한 모자이크로 수 놓은 중앙 파사드 건축물의 정면, 외관 위를 자세히 관찰하면 막 뛰어갈 듯한 역동적인 네 마리의 청동 말이 보인다. 대성당의 화려한 외관 때문에 자세히 안 보면 놓칠 수 있는 이 조각품에 베네치아 영욕의 세월이 고스란히 담겨있다.

11세기에 들어서면서 농업기술의 발전과 함께 유럽의 인구가 폭증했다. 기사들의 수도 함께 늘어났지만, 그들에게 분배해줄 땅은 유럽에 남아 있지 않았다. 교황과 황제는 성직자 서임권을 두고 치열하게 싸웠고 유럽의 정치 상황은 점점 미궁 속으로 빠져들었다. 게다가 북방의 바이킹이 따뜻한 유럽으로 침략하면서 사회 혼란이 가중되었다. 유럽은 이러한 혼돈과 파멸의 블랙홀에서 빠져나오기 위한 아주 강력하고 오래 지속될 수 있는 전쟁을 원했다. 사회의 분노를 전쟁이라는 수단을 통해 효과적으로 외부로 돌릴 수 있었기 때문이다.

전쟁은 자연스럽게 유럽 사회를 단합시킬 수 있을 것이며, 잘하면 새로운 영토와 수많은 재물도 획득할 수 있어 경제적 파급력도 엄청날 것이었다. 하늘이 도왔던지, 때를 맞춰 동방의 강경 이슬람 세력에 의해 성지 예루살렘이 장악되어 기독교도의 성지순례에 빨간불이 켜졌다. 교황은 이를 명분 삼아 유럽의 왕들에게 이교도로부터의 성지 탈환을 강력하게 호소한다. 장차 이백 년 동안 펼쳐질 십자군 전쟁의 서막이 올랐다.

1096년, 전 유럽의 군대가 하나로 모여 "신이 그것을 원하신다"라고 외치며 예루살렘으로 진군했다. 유럽에서 예루살렘으로 가기 위한 여러 루트가 있었다. 십자군은 이탈리아에 있는 항구도시에서 배를 타고 대규모 인원이 한꺼번에 이동하는 것을 선호했다. 이때 보급과 수송을 맡았던 베네치아를 비롯한 피사, 제노바, 아말피는 십자군 전쟁의 특수를 누리며 지중해 4대 해상 강국으로 떠오른다. 1204년, 베네치아는 제4차 십자군 원정에서 십자군을 위한 보급과 수송을 담당하는 국가적 규모의 계약을 따냈다. 이는 베네치아가 향후 몇 세기 동안 지중해에서 가장 부강한 나라로 도약하는 중요한 분기점이 될 터였다.

제4차 십자군 원정은 시작부터가 실패였다. 베네치아가 국운을 걸고 선박부터 물자까지 모든 준비를 마쳤으나, 십자군이 약속했던 대금을 치르지 못했기 때문이다. 십자군은 채무를 탕감받기 위해 채권자인 베네치아의 의도대로 움직일 수밖에 없었다. 성지탈환의 신성한 의무를 가진 군대가 극악무도한 약탈자로 바뀌는 것은 한순간이었다. 당시 베네치아 총독이었던 엔리코 단돌로Enrico Dandolo, 재위 1192~1205는 이 기회를 최대한 이용하기로 마음먹었다. 단돌로는 십자군을 이용해 아드리아해 무역에 반기를 든 같은 기독교 국가인 자라現 자다르를 공격하여 함락했다. 십자군은 거기서 멈추지 않고 비잔티움 제국으로 기수를 돌렸다. 그들은 철옹성 같던 성벽을 넘어 수도 콘스탄티노플을 함락하고 라틴 제국을 세워 60년간 통치한다.

존 줄리어스 노리치의 『비잔티움 연대기』에는 당시 비잔티움 제국을 처음 봤던 십자군의 놀라움이 잘 나타난다. "도시의 엄청난 길이와 너비, 병사들은 이 세상에 그렇듯 부유하고 웅장한 곳이 있다는 것을 알지 못했다. 그런 모습을 보고 전율하지 않을 만큼 대담한 사람은 없었을 것이며, 또한 천지가 창조한 이래 그처럼 대단한 광경은 없었다". 이때 약탈

^ 네 마리 청동 말. 4차 십자군 전쟁 때 콘스탄티노플 경기장에 있던 것을 베네치아로 옮겨와
성마르코 대성당 중앙 파사드를 꾸몄다.

당한 비잔티움 제국의 수많은 성 유물과 보물이 베네치아로 옮겨졌다.
유럽 변방의 어촌 마을에 불과했던 베네치아는 단번에 유럽 최고의 비
잔티움 유물을 가진 성스럽고 예술적인 도시로 업그레이드되었다. 그중
콘스탄티노플 경기장을 장식했던 네 마리 청동 말도 베네치아로 옮겨져
산마르코 대성당을 장식했다.

19세기 초, 나폴레옹 1세가 몰락하자 승전국들은 오스트리아 빈에 모
여 유럽의 질서를 나폴레옹 등장 이전으로 되돌렸다. 이때를 놓치지 않

은 베네치아는 끈질긴 요청으로 프랑스가 약탈해간 네 마리 청동 말을 돌려받았다. 이 청동 말은 십자군이 콘스탄티노플을 약탈했을 때 베네치아로 가져왔던 그 말이었다. 원래 주인이었던 오늘날의 이스탄불舊 콘스탄티노플이 그 청동 말을 찾기 위해 베네치아를 상대로 별다른 노력을 하지 않는 점은 흥미롭다. 자신들에게 이교도의 상징물은 굳이 찾아올 필요가 없다는 듯 보이기 때문이다. 어떤 종교와 정치체제를 갖느냐에 따라 문화재의 가치가 변했다.

베네치아의 사자가 그들의 정체성이라면 네 마리 청동 말은 그들이 바다를 통해 꿈꾸었던 이상이었다. 산마르코 광장을 굽어보는 청동 말은 여전히 사람들에게 베네치아 과거의 영광을 끊임없이 상기시키며 언제든 바다로 달려나갈 준비를 한다.

지중해의 사자 날개가
꺾이다

      베네치아를 보고 있노라면 인간의 한계란 있는 것일까 하는 의문이 들곤 한다. 베네치아인들의 가슴속 무엇이 험한 바다에 도시를 건설하기 위한 힘들고 고단한 노동을 감내하게 했을까. 바다 위를 나는 새처럼 자유롭게 살고 싶다는 열망 아니었을까. 그들은 이렇게 공화국 천 년의 역사를 만들었다. 18세기에 이르러 유럽의 질서는 재편되었고 시시각각 달라지는 변화의 조류에 빠르게 옮겨타지 못하면서 그들의 자유에 문제가 생겼다.

  5세기, 로마가 멸망하자 동쪽의 비잔티움 제국이 로마의 명맥을 이어갔다. 그런데 그마저도 위기에 처했다. 오스만 제국의 술탄 메흐메트 2세Mehmet, 재위 1451~1481가 난공불락의 3중 성벽을 뚫고 제국의 심장 콘스탄티노플을 함락시킨 것이다. 오스만 제국은 여세를 몰아 오스트리아와 헝가리를 위협했고, 지중해 무역까지 개입하기 시작하면서 베네치아를 긴장시켰다.

15세기가 끝나갈 무렵부터 베네치아에 안 좋은 소식이 연이어 전해졌다. 포르투갈은 인도로 가는 동방 항로를 개척했고, 스페인은 대서양 항로를 통해 아메리카를 발견했다. 유럽은 이제 베네치아를 통하지 않고도 동방에 있는 나라들과 더 좋은 조건으로 거래할 수 있었다. 그뿐만 아니라 대서양 항로가 개척되면서 무역의 중심축이 점차 지중해가 아닌 대서양으로 옮겨갔다. 대서양에 면한 영국, 네덜란드, 스페인 같은 국가들이 대서양, 인도양 무역을 주도하면서 베네치아는 우물 안에 갇힌 개구리 신세로 전락했다.

베네치아의 몰락은 서서히 진행되었다. 1797년, 나폴레옹 군대가 진군해왔을 때 저항 한 번 하지 못하고 맥없이 무너지면서 천 년 공화국의 역사는 막을 내렸다. 그 누구에게도 속박당하지 않겠다는 자유에 대한 열망이 그들을 거친 바다로 나가게 했고 지금껏 누구도 이루지 못한 거대하고 웅장한 유산을 바다에 남겼다. 그들이 남긴 매력적인 유산을 보기 위해 전 세계 사람들이 이곳을 찾는다.

토마스 만의 『베네치아에서의 죽음』에서 아셴바하도 베네치아를 떠나려다 배를 돌려 다시 돌아왔다. "언제 어디서고 마음껏 놀거나, 느긋하게 쉬고 즐거운 시간을 보내려고 하면 불안감과 거부감 때문에 다시 아주 힘든 일, 정신을 바짝 차리고 엄숙하게 해야 하는 자기 일상의 소임으로 되돌아가야 할 것 같았다. 단지 이곳만이 그에게 마법을 걸어 그의 의지를 누그러뜨리고 그를 행복하게 만들어 주었다". 베네치아의 무엇이 그를 돌려세웠을까. 그것은 지금까지 어떤 나라도 범접할 수 없었던 천년의 역사가 숨 쉬고 있는 자유로운 분위기가 아니었을까.

∨ 산마르코 광장. 왼쪽 건물은 베네치아 최고 건축가 산소비노에 의해 설계되었다.
　이 건물 1층에 유럽에서 가장 오래된 카페인 '플로리안'이 위치한다.

카니발,
가면이 너희를 자유롭게 하리라

전 세계에 내놓으라 하는 다양한 카니발 축제가 있다. 그 중 베네치아 카니발은 전 세계 3대 카니발 중 가장 유명하고 독특한 축제이다. 18세기, 성 스테파노 축일인 12월 26일 시작해 사순절 전날까지 베네치아에서는 이채로운 복장을 하고 다양한 종류의 가면을 쓴 사람들이 거리로 쏟아져 나와 매일같이 축제를 즐겼다. 그 순간만큼은 누구나 친구가 되고 자유로운 바람이 된 것이다.

중세의 기독교인들은 예수가 광야에서 행한 40일간의 고난을 묵상하며 부활절 전 40일간 금욕했는데, 이때를 '사순절'이라고 한다. 사람들은 이 기간에 성생활은 물론 금욕 및 단식해야만 했는데 이는 엄청난 스트레스로 다가왔을 것이다. 그래서 그들은 사순절 직전 며칠간 음식을 맘껏 먹고 즐길 수 있는 축제를 만들었다. 이렇게 베네치아 카니발은 시작됐다. 이슬람 문화권에서도 이슬람력 9월이 되면 한 달간 금욕하는 라마단 기간이 있다. 이 기간 무슬림들은 해가 떠 있는 기간 금식하고, 기본적인 욕구를 억제하면서 주변의 어렵고 힘든 이웃의 삶을 공감하고 보살피는 시간을 갖는다. 라마단이 끝나면 3일간 '이드'라는 대규모 축제가 벌어진다는 것이 카니발과의 차이점이다.

베네치아의 카니발은 12세기 이탈리아 북동부 교구였던 아퀼레이아 Aquileia와의 분쟁에서 승리한 기념으로 시작되었다. 분쟁에서 진 아퀼레이아 주교는 매년 황소 1마리와 돼지 12마리를 베네치아로 보냈다. 베네치아에서는 이 동물을 산마르코 광장으로 끌고가 목을 잘라 승리를 기념했고, 이후 종교적 절기와 결합하면서 13세 말에는 국가 공식 축제로 발전한다. 베네치아의 세력이 대외로 확장되면서 그만큼 시민들에게 주어지는 책임도 무거워졌을 것이다. 카니발 축제는 이렇게 피로에 지친 시민들에게 자유와 평등의 기분을 만끽할 수 있게 해주는 해방구 역할을 했다.

카니발 기간 베네치아에 있는 사람들은 매일 광란의 축제를 즐겼는데 가장 큰 특징은 가장假裝이다. 가면, 망토, 가발을 이용하여 원하는 누구로도 가장하여 자신을 숨길 수 있었다. 남녀의 구별이 사라졌고 빈부와 나이의 격차도 모호해졌다. 더는 사회적 시선 때문에 자신의 욕망을 묶어 둘 필요가 없었다. 억압되었던 욕망이 사회라는 굴레를 벗어나면서 온갖 음란하고 퇴폐적인 문화가 성행했다. 썩기 전의 과일이 가장 달콤하듯, 국운이 다한 베네치아는 향락이라는 열매를 마지막 순간까지 즐기며 비극으로 향해갔다.

카니발 축제 때 가면을 쓰는 전통은 제4차 십자군 원정 당시, 총독 엔리코 단돌로가 콘스탄티노플에서 베일로 얼굴을 가린 무슬림 여성들을 데리고 오면서 시작되었다고 전해진다. 당시 최고의 문명국에서 온 여성들의 패션이 베네치아인들에게 얼마나 신비롭게 보였을지 상상이 된다. 카니발 가면은 17세기 오페라의 성장과 함께 종류도 다양해졌다. 17세기 말, 베네치아는 12개의 오페라 극장을 보유한 세계 오페라의 수도였다. 공연 막간에 분위기 전환을 위한 짧은 즉흥극코메디아 델라르테이 연출되었는데, 이때 사용된 다양한 가면이 점차 카니발 가면으로 인기를 끌었다. 베네치아에서 발전한 즉흥극은 이후 모차르트의 『피가로의 결혼』 같은 '희가극 오페라오페라 부파'가 만들어지는데 큰 영향을 끼친다.

서민들이 주축이 되었던 카니발 축제에 귀족들이 참여하면서 규모가 커졌고 18세기에는 유럽 최고의 축제로 성장했다. 18세기는 베네치아가 지중해에서 오스만 제국과 긴 전쟁으로 패한 후 주도권을 빼앗겨 실의

∧ 카니발 가면. 카니발 기간 베네치아에서는 가면, 망토, 가발을 이용하여
원하는 누구로도 가장하여 자신을 숨길 수 있었다.

에 빠진 때였으며 전례 없던 평화의 시기이기도 했다. 사회 분위기가 침
체할수록 18세기 카니발은 더욱 쾌락을 향해 치닫고 있었다.

18세기 말, 베네치아를 침략한 나폴레옹은 베네치아 공화국을 해체하
면서 동시에 카니발도 금지했다. 축제가 사라진 기간은 베네치아의 자유
가 억압된 시기와 겹친다. 나폴레옹 이후 베네치아를 점령한 오스트리
아, 이후 이어진 파시스트 정권도 카니발을 금지한 것을 보면 자유분방
한 바다 사람들의 축제가 영 마음에 들지 않았던 모양이다. 다행스럽게

도 1979년에 다시 카니발 축제는 복원되었고, 사순절 전까지 10일간 펼쳐지는 카니발은 전 세계인이 함께 즐기는 축제가 되었다.

광란의 카니발 축제 후 많은 사생아가 태어난 것은 그리 놀라운 일이 아니다. 문제 해결을 위해 시에서는 네 곳이나 되는 보육 시설을 만들어 어린아이들을 보호했는데, 재능있는 아이들에게 음악을 가르치기도 했다. 그중 한 곳에서 아이들과 함께 연주하고 지휘하며 베네치아 음악을 유럽에 알린 유명한 음악가가 등장한다. 베네치아 출신의 18세기 바로크 음악의 거장 비발디였다.

자유와 축제는 한 단어처럼 느껴진다. 자유가 있는 곳에서만 누구나 즐길 수 있는 축제가 벌어졌기 때문이다. 베네치아에 자유가 숨 쉬는 한 축제는 늘 진행될 것이다.

두칼레 궁전,
진취적 기상과 자유를 담다

육지에서 베네치아로 들어가기 위해서는 20세기 건설된 4km 길이의 '자유의 다리'를 통과해야만 한다. 불과 한 세기 전까지는 배로만 들어갈 수 있었다는 얘기다. 썰물 때 다리를 지나다 보면 개펄이 한눈에 드러나는 것을 볼 수 있다. 베네치아가 천 년이라는 시간 동안 자유로운 공화국으로 존속할 수 있었던 중요한 이유 중 하나가 이러한 지리적 위치 때문이다. 적들은 도시 주변으로 흐르는 운하와 썰물 때 드러나는 개펄 때문에 쉽게 공격할 수 없었다. 베네치아를 둘러싼 운하가 천연 해자垓字가 되고 개펄이 방벽의 기능을 담당했던 것이다.

베네치아 내부를 둘러보기 위해서는 여전히 배가 주요 이동 수단이다. 베네치아는 배로 느긋하게 구석구석 둘러보아야 그 진가를 발견할 수 있다. 대운하를 미끄러져 가다 보면 좌우로 기독교, 비잔티움, 이슬람 건축양식이 절묘하게 조화된 독특하고도 아름다운 건물을 연이어 만난다. 이들은 배가 접안하여 물건을 싣고 내릴 수 있도록 실용적으로 설계되어 있는데, 미학과 공학이 만나는 오묘한 접점을 보여주는 듯하다.

이국적인 분위기의 도시가 만들어질 수 있었던 것은 베네치아와 주로 왕래가 있었던 곳이 교황이 지배하는 서유럽보다는 동방의 비잔티움 제국과 이슬람 문화권 나라들이었기 때문이다. 교황은 늘 베네치아를 자신의 영향력 아래에 두려고 했으나 자존심 강한 베네치아인은 고분고분하지 않았다. 문화적으로 뒤졌던 서유럽은 경제적으로 도움이 되지 않았고, 말 많은 교황은 자유를 사랑하는 바닷사람들에게 피곤한 존재였기 때문이다. 이런 호방한 베네치아의 기질을 담은 건축물은 관광객이 가장 많이 찾는 산마르코 지구에서 잘 살펴볼 수 있다.

산마르코 지구 도착 전 가장 먼저 보이는 건축물이 두칼레궁Palazzo Du-cale이다. 베네치아 총독의 관저로써 건물 주위로 다른 도시에서 봤던 육중한 방어용 성벽이 보이질 않는다. 궁전의 외관은 마치 두꺼운 겨울 외투를 벗어버리고 상큼한 여름에 어울리는 가벼운 옷을 걸치고 축제를 즐기는 여인처럼 자유롭고 경쾌해 보인다. 무엇이 궁전을 더욱더 돋보이게 하는 것일까.

9세기 건축된 두칼레궁의 초기 모습은 화재로 소실되었고, 전성기였던 14세기에 재건된 모습이 현재까지 이어진다. 피렌체 정치의 중심이었던 베키오궁은 잦은 외세 침략에 대비해 요새와 같이 폐쇄적인 구조로 설계되었다. 반면, 두칼레궁은 바다를 향해 탁 트인 개방된 구조가 베네치아인의 자유로운 정신을 대변한다. 누구도 이곳을 함락시킬 수 없다는 대담한 자신감의 표현으로 보인다.

두칼레궁은 중세 유행했던 고딕 양식으로 지어진 걸작이다. 재건될 당시인 14세기에 고딕은 이미 유럽에서 철 지난 양식이었고 르네상스풍의 건축이 유행이었다. 베네치아는 과감히 당시 유행을 따르지 않고 고딕 양식을 택했다. 베네치아인은 유행이나 관습보다 자신들의 정신을 구현할 수 있는 건축물에 집중했다. 북유럽의 점잖은 고딕과는 다르게 베네치아의 고딕은 힘찬 과감성이 느껴진다. 고딕 양식도 때와 장소에 따라 다양하게 변주될 수 있음을 두칼레궁은 보여준다.

연속된 고딕의 첨두아치가 만들어낸 1층 아케이드 공간을 시작으로 2층은 르네상스 양식, 그 상부층은 이슬람의 아라베스크 양식으로 외벽을 꾸몄다. 시대에 따른 다양한 양식이 첨가되면서 베네치아만의 새로운 양식이 태어났다. 베네치아인의 진취적인 기상과 철학이 이렇게 두칼레궁으로 구체화 되었다.

혹자는 도시의 초입을 보면 그 도시의 성격을 짐작할 수 있다고 한다.
베네치아 초입의 두칼레궁에서 자유가 연상되는 것을 보면 틀린 말만은
아닌 듯하다.

ᐯ 두칼레 궁전. 총독의 관저로 베네치아 정치의 중심지였다. 개방된 아케이드 공간과
　층별 서로 다른 양식이 만들어내는 절묘한 조화가 바다 도시의 진취적 기상을 보여준다.

산마르코 대성당,
문화의 융합이 만들어낸 걸작

　　산마르코 광장에서 가장 화려하고 이국적인 건물은 산마르코 대성당이다. 서유럽에서 좀처럼 찾아보기 힘든 돔 지붕과 화려한 모자이크, 오색 빛깔의 타일 장식은 매번 비슷한 성당만 봐왔던 관광객에게 새롭게 다가온다. 서로 다른 특징들이 한곳에 모여 섞이자 전에 없던 베네치아 특유의 건축물이 탄생했다. 베네치아는 섞이면서 위대해졌다.

　15세기 콜럼버스가 새로운 세계로 향하는 신호탄을 쏘아 올리자 많은 유럽인이 꿈과 희망을 찾아 대서양을 건너 아메리카로 향했다. 유럽인은 원주민과 결혼해 인류 역사상 새로운 인종인 메스티소를 탄생시켰고, 그들이 대륙의 새로운 주인이 되었다. 같은 피가 섞여 뻔한 결과만 나왔던 과거와는 달리 전혀 다른 새로운 피끼리 결합하면서 전보다 강인하고 건강하며 뛰어난 인물들이 태어나 라틴아메리카의 역사를 새롭게 썼다. 이러한 융합 현상은 문화에도 적용됐다. 산마르코 대성당은 이러한 이종교배로 탄생한 뛰어난 작품이다.

총독의 개인 예배당으로 시작한 산마르코 대성당은 9세기 알렉산드리아에서 가져온 마가 성인의 유해를 안치하기 위해 건설되었다. 10세기 들어 화재와 반란으로 파괴와 복구가 반복되었다. 12세기 들어 당시 가장 발전된 도시였던 콘스탄티노플의 건축 양식을 벤치마킹하여 대성당을 재건했다. 가로·세로 길이가 같은 그리스 십자가 형태의 구조로 내외부를 비잔티움 양식의 특징인 화려한 황금 모자이크로 장식했다.

13세기 초, 제4차 십자군 원정 시 콘스탄티노플에서 약탈해온 최상급의 성 유물과 예술품들이 성당 내부를 꾸몄다. 이로써 베네치아는 단번에 콘스탄티노플을 뛰어넘는 최고의 비잔티움 예술품을 가진 도시로 격상되었다. 동방에서 온 신기한 예술품은 예술가들의 상상력을 자극했고 15세기 베네치아 르네상스의 자양분이 된다. 이후 이슬람 사원에서 볼 수 있는 타원 형태의 돔이 추가로 건설되어 현재와 같은 화려하고 웅장한 모습으로 새롭게 탄생했다.

∧ 산마르코 대성당. 총독의 개인 성당으로 시작된 이곳은 9세기 마가 성인의 유해가 안치되면서
베네치아 최고 권위를 갖는 성당이 된다.

산마르코 대성당은 당대를 대표하던 고딕, 르네상스, 바로크 시기의
양식으로 오랜 기간 유지보수 되었다. 마침내 특정 양식으로 규정지을
수 없는 베네치아에서만 볼 수 있는 건축양식이 탄생했다. 산마르코 대
성당 자체가 서양의 건축사를 보여주는 교과서라고 해도 과언이 아니다.
섞이지 않았다면 평범한 수작으로 끝났을 대성당은 다양한 문화의 융합
으로 걸작이 되었다.

산마르코 광장&마르차나 도서관,
고전의 개성 있는 재해석

16세기, 피렌체에서 움튼 르네상스는 로마를 거쳐 마침내 베네치아에서 화려하게 만개했다. 산마르코 광장에서 그 현장을 확인할 수 있다. 화려한 산마르코 대성당 앞 광장을 끊임없이 반복되는 고전시대의 기둥과 둥근 아치가 둘러싸고 있는데, 이는 자칫 극도의 화려함으로 오히려 가벼워 보일 수 있는 공간을 진중하고 차분하게 변모시켰다. 베네치아의 르네상스는 고전 시대 로마 건축을 단순히 모방한 것이 아니라 한 차원 더 높은 단계로 끌어올린 듯 보인다.

서로 다른 성질의 것이 만나 새로움이 창조되면서 내뿜는 치명적인

∧ 마르차나 도서관. 피렌체에서 시작된 르네상스 건축이 로마를 거쳐
베네치아에서 절정을 구가했음을 보여준다.

매력 때문일까. 나폴레옹은 "세상에서 가장 아름다운 응접실"이라며 찬사를 쏟아냈다. 광장 노천카페에 삼삼오오 모여앉은 관광객은 광장을 감싸는 클래식 선율 속에서 생애 최고의 순간을 보낸다.

산마르코 광장에서 석호가 있는 남동쪽으로 나오면 산마르코 광장보다 작은 규모의 피아제타Piazzetta가 나온다. 이 광장을 사이에 두고 두칼레궁과 또 하나의 베네치아 르네상스 걸작으로 알려진 국립 마르차나 도서관이 마주 보고 있다. 피렌체에 브루넬레스키가 있었다면 베네치아에는 산소비노Jacopo Sansovino, 1486~1570가 있었다.

16세기 초 건설된 이 도서관의 시작은 15세기 비잔티움의 인문학자였던 베사리온 추기경이 746권의 법률집을 베네치아에 기증하면서부터이다. 책의 도시였던 만큼 산소비노가 설계한 최고의 건축물이 책에 봉헌되었다. 그가 설계한 마르차나 도서관은 르네상스 건축 수준이 최절정에 닿았음을 보여준다. 미술사학자 곰브리치는 『서양미술사』에서 "산소비노는 자신의 양식과 작품을 그 도시 특유의 분위기, 즉 환초(산호섬)로 둘러싸인 해변에 반사되어 눈부시게 화려한 베네치아의 밝은 빛에 어울리도록 완벽하게 적응시켰다"라고 할 정도였다.

도서관 1층은 중후한 멋의 도리아식 기둥을 배치하여 건물의 안정감을 주었다. 2층에는 경쾌한 느낌을 주는 이오니아식 기둥을 사용했고,

상부층 난간 위에는 조각상을 세워 르네상스 특유의 안정감을 잘 살려 보는 이를 편안하게 한다.

특히 도서관 1층의 개방된 아케이드는 바닷가 특유의 변덕스러운 날씨로 인해 갑자기 쏟아지는 빗방울과 대지를 녹일 듯이 내리쬐는 태양을 피하기 위한 세상에서 가장 고풍스럽고 매력적인 장소다.

베네치아에서 만나는 건물 하나하나에 그들의 역사와 철학이 아로새겨져 있는 것을 보면 비단 문자뿐 아니라 건물 자체만으로도 문자 이상으로 많은 이야기를 들려줄 수 있음을 깨닫는다. 길가에 피어있는 야생화 한 송이조차도 관심을 기울인다면 무엇인가 말을 걸어올 것 같은 곳이 베네치아다.

비발디, 바다의 도시에
공기처럼 흐르는 바로크 선율

어떤 특정 장소가 자신도 모르게 가슴 속 깊이 각인될 때가 있다. 우리가 보고 느끼고 맛봤던 모든 감각을 모자이크처럼 하나로 조화시켜 마음속 한쪽에 새겨 놓았기 때문이다. 한동안 그것을 잊고 지내다가 특정 순간을 만나면 각인된 기억이 자신도 모르게 소환된다. 구수한 청국장 냄새로 고향의 어머니를 떠올리고, 한여름 달콤한 젤라토의 맛으로 시원하게 분수가 뿜어져 나왔던 스페인 광장을 상상한다.

베네치아는 따분하고 지루하게만 느껴졌던 클래식 음악이 생동하는 거친 물결이 되어 가슴속으로 밀려드는 경이로운 경험을 선사한다. 도심

어디에서나 들려오는 잔잔한 클래식 선율과 곤돌라 뱃사공의 매력적인 세레나데는 도시를 더욱더 생기있게 만든다. 베네치아의 자유롭고 관용적인 분위기는 예술가들에게 창작의 영감을 불어넣었고 그들의 작품은 불사조처럼 현재까지 클래식이라는 이름으로 살아남았다.

클래식은 라틴어 '클라시스classis'에서 유래되었는데 '함대'라는 뜻이다. 살아가면서 우리는 자주 절망과 좌절에 직면하여 포기의 상황으로 내몰리곤 한다. 그때 우리 자신을 다잡고 새롭게 시작할 수 있도록 지켜주는 것이 클래식이라는 함대다. 위기의 순간마다 베네치아가 오뚝이처럼 다시 일어설 수 있었던 것도 바로 이런 클래식이 사회 저변에 퍼져

∨ 산마르코 광장 카페. 노천 카페에서 음악가들이 연주하고 있다.
　베네치아에서는 늘 클래식이 공기와 같이 흐른다.

시민들의 정신적 토대가 되었기 때문이다. 클래식이 지키고 있는 한 부정적인 생각은 쉽게 그들의 정신에 침투할 수 없었다.

18세기 접어들며 가톨릭 세계 전체가 전보다 더욱더 열렬히 신과 왕을 찬양하고 있을 때, 베네치아 출신의 사제이자 작곡가였던 비발디Antonio Vivaldi, 1678~1741는 다른 생각을 품고 있었다. 1720년, 막 불혹이 지난 비발디는 10년 이상을 근무했던 베네치아 피에타 음악학교Ospedale della Pietà를 떠나 만토바 궁정의 음악 감독으로 근무하고 있었다. 불혹의 나이에 접어들면 육체의 기능은 저하되지만, 감각의 촉수는 전보다 더욱 예민해져 계절의 변화를 온몸으로 감지하게 된다. 그 과정에서 자신이 지나쳐왔던 지난 시간을 돌아보며 내면세계에 조금 더 가까이 다가간다.

비발디는 20대에 피에타 음악학교에서 학생들과 함께 바이올린뿐 아니라 플루트, 오보에, 바순 등 다양한 악기를 사용해 연주하고 작곡하는데 자신의 젊음을 쏟아부었다. 16세기 말 그리스 비극을 재현하기 위해 탄생한 오페라가 베네치아에서 절정의 인기를 얻자 비발디는 오페라 작곡에 도전해 10곡 이상을 남겼고, 공연 제작까지 참여해 성공과 실패 사이를 아슬아슬한 줄타기를 하듯 오가며 30대를 보내기도 했다. 그러던 어느 날 거울을 봤을 때 그 앞에 서 있는 나이 40세를 넘긴, 지병으로 창백해진 얼굴 때문에 붉은 머리카락이 더욱 돋보이는 한 사내를 발견하게 되었다.

지나온 과거를 돌아보며 젊은 시절 자신과 함께 최고의 연주를 선보여 유럽을 떠들썩하게 했던 피에타 음악학교 아이들을 그리워했을 비발디가 상상된다. 그러한 서정적 감정의 상태에서 계절의 변화를 더욱 잘 체감했을 것이다. 그는 오직 청중의 관점에서만 만들어졌던 기존 음악의 관행을 깨고 자신이 자연에서 느낀 지극히도 개인적인 감정을 음표 하나하나에 새겨넣었다. 이렇게 불후의 명작인 「사계」가 탄생했다.

비로소 인간은 음악이라는 언어로 세상을 표현하기 시작한다. '바로크'는 포르투갈어에서 유래한 '찌그러진 진주'라는 뜻이다. 비발디의 자연을 음악으로 묘사한 혁신적인 시도는 매끈한 진주 같은 음악만을 최고로 치던 기성 사회를 흔들었다. 비형식적이고 비틀어진 음악도 아름다울 수 있다는, 즉 세상에 모든 것은 그 자체로 아름답다는 혁명적인 인식의 전환이었다.

비발디의 협주곡은 연주에 서툰 사람도 소외되지 않고 서로가 단점을 보완해 아름다운 화음을 만들 수 있도록 쉽게 작곡된 것이 특징이다. 아마도 그가 가르쳤던 아이들이 쉽게 배워 자신과 함께 연주할 수 있기를 바라는 마음이 담겨있기 때문일 것이다. 「사계」에 담긴 자연을 정복의 대상이 아닌 있는 그대로 느끼려는 겸손함과 피에타 음악학교에서 그가 가르친 아이들에게 보여준 타인을 사랑하는 마음이 진정한 바로크 시대를 열었다.

베네치아는 인공섬이기 때문에 없는 것이 많다. 내연기관의 차량은 물론이고 육지에서는 흔한 풀이나 나무도 당연히 보기가 쉽지 않다. 돌과 콘크리트로만 되어있는 삭막한 도시지만, 비발디의 클래식 선율이 흐르면서 음악의 숲이 우거지고 새들이 노래하며 시원한 바람이 불어오는 도시로 새롭게 태어난다. 베네치아 여행 후 사람들의 뇌리에 클래식은 깊게 각인되고 음악이 흐르는 곳이면 언제나 베네치아를 떠올릴 수 있는 특권을 갖는다.

밀라노, 통일의 길

"가거라 상념이여 금빛 날개를 타고 날아가라.
부드럽고 따뜻한 바람이 불고 향기에 찬
우리 조국의 비탈과 언덕으로 날아가 쉬어라.
요르단의 큰 강둑과 시온의 무너진 탑들에 참배를 하라"

－「가거라 상념이여 금빛 날개를 타고」, 베르디 오페라 「나부코」 中

스텔라리아 박물관
그라체에 성

카드르크 역

스포르제스크 성

바토리오 에마누엘레
2세 갤러리아

스칼라 극장
오페라 극장

암왕세 박물관

밀라노

이탈리아의 관문,
알프스를 넘어 만나는 첫 문예의 중심

밀라노에 들어서면 지금껏 봐왔던 여느 이탈리아 도시와 다른 느낌을 받는다. 고대 로마나 중세시대의 흔적은 찾아보기 힘든 반면, 도시 가득 들어선 고층빌딩으로 인해 현대적인 대도시의 느낌만 들기 때문이다. 밀라노는 세계 4대 패션쇼 중 하나인 밀라노 패션위크, 프라다로 대표되는 명품, 알파로메오 같은 고성능 차량, 프로축구 AC밀란의 연고지로 더 잘 알려진 곳이다. 아울러 증권가와 수많은 금융회사가 대거 포진한 이탈리아의 경제 수도이다.

너무나도 현대적으로 보이는 이곳은 인류 역사의 물줄기를 바꾸었던 중요한 현장이었다. 로마시대 기독교를 음지에서 양지로 끌어올린 기념비적인 칙령이 선포된 장소였으며, 중세에는 이탈리아 북부 르네상스를 선도하기도 했다. 근대에 들어와 밀라노에서 펼쳐진 외세에 대항한 독립 운동은 오늘날의 통일 이탈리아가 형성되는데 무엇보다 중요한 산파 역할을 했다.

밀라노는 유럽의 터줏대감이라 할 수 있는 켈트족이 살던 땅이었다. 이곳은 기원전 3세기 로마가 세력을 이탈리아 전역으로 확장하면서 로마로 편입된다. 로마는 알프스에서 남쪽으로 광활하게 펼쳐진 평야 지대의 전략적, 상업적 중요성을 인지했다. 그들은 평야 한가운데에 도시를 세우고 메디올라눔Mediolanum, '가운데'라는 뜻이라 부르면서 밀라노의 역사는 시작된다. 지도를 보면 롬바르디아 평야 한가운데에 밀라노가 있고, 밀라노의 중심에 유명한 대성당이 자리한다. 밀라노는 그 이름처럼 현재까지도 이탈리아 경제의 무게중심 역할을 담당한다.

북유럽에서 알프스의 고타르트 고개를 넘고 나서 바로 만나는 이탈리아의 관문 도시가 밀라노이다. 물자는 단독으로 들어오지 않고 사람과 문화가 함께 유입된다. 알프스 북쪽에서 들어오는 문화, 사람, 사상, 철학이 밀라노를 통해 이탈리아 전체로 퍼졌다. 반대로 로마의 발전된 문명, 르네상스, 바로크와 같은 이탈리아에서 시작된 문화는 밀라노를 거쳐 알프스 북쪽의 유럽으로 퍼졌다.

흐르는 물은 썩기 어렵고, 문화는 섞일수록 강해지는 법이다. 밀라노는 이러한 지리적 이점으로 인해 일찍이 상공업 발달로 번성했다. 3세기 말 디오클레티아누스 황제가 제국을 동서로 나눠 다스릴 때 밀라노는 서로마의 수도로 지정되어 그 위상이 한층 높아졌다.

4세기 초, 서로마 황제 콘스탄티누스 1세와 비잔티움 황제 리키니우스Licinius, 재위 308~324는 밀라노에서 종교의 자유를 선포하여 탄압받던 기독교는 비로소 자유를 얻었다. 이는 '밀라노 칙령'이란 사건으로 역사에 기록된다.

서로마 멸망 후에도 밀라노는 여전히 중요한 역할을 한다. 지리적 이점 때문에 주변의 신성로마제국, 스페인, 프랑스가 빈틈만 보이면 밀라노로 쳐들어왔다. 교황청이 있는 로마로 진군하려면 밀라노를 거쳐야 했으니 장점이 곧 단점이 되는 슬픈 운명을 가진 곳이기도 했다.

13세기부터 비스콘티 가문이 이곳을 통치한다. 인간은 자신은 소멸하더라도 명성은 영원할 수 있다는 것을 깨달았다. 상공업으로 부를 축적한 밀라노는 돈 버는 것 말고 다른 곳으로 관심을 돌렸다. 비스콘티가는 학문과 예술을 적극적으로 후원했다. 특히 신성로마제국 황제에 의해 초대 밀라노 공작으로 임명된 잔 갈리아초Gian Galeazzo Visconti, 1351~1402는 정권을 잡자마자 원대한 프로젝트를 꿈꿨다. 그는 당시 피렌체에서 한창

∧ 스포르체스코 성. 15~16세기 밀라노를 지배했던 스포르차가의 성으로
레오나르도, 미켈란젤로, 브라만테 등 르네상스 거장들의 흔적이 남아있다.

공사 중이던 산타마리아 대성당을 뛰어넘는 세상에서 가장 아름답고 웅
장한 성당 건설을 명한다. 14세기 말, 프로젝트는 실행되었고 잔 갈리아
초의 이름은 대성당과 함께 영원히 역사에 남게 되었다.

15세기, 비스콘티 가문의 명맥이 끊기자 스포르차 가문이 밀라노의
정권을 잡으면서 밀라노는 이탈리아 북부에서 본격적인 문예 중심지로
떠오른다. 특히 야심가였던 루도비코 스포르차 공작은 피렌체, 베네치
아를 문화적으로 뛰어넘기 위해 많은 예술가를 밀라노로 불러들여 적극
후원했다. 이 시기 피렌체 출신의 레오나르도도 밀라노에서 활동했으며
도시 곳곳에 그의 이름과 함께 불멸의 흔적을 남겼다.

밀라노 대성당,
세상에서 가장 야심 찬 프로젝트

우리는 세계 최고 혹은 최대 같은 기록에 열광한다. 혹은 그렇게 하도록 보이지 않게 강요된다. 4등, 5등은 몰라도 1등은 무조건 알아야 하며 운 좋으면 2, 3등까지는 기억을 한다. 예나 지금이나 인간의 본성은 변하지 않았다. 700년 전 밀라노의 군주도 세상에서 가장 큰 교회를 건설하기 위한 프로젝트를 실행했으니 말이다.

14세기 말, 밀라노의 공작 잔 갈레아초는 세상에서 가장 화려하고 거대한 성당 건설을 명한다. 대성당은 당시 규모 면에서 누구도 상상하기 어려울 정도로 거대하고 웅장했다. 하지만 15세기 세비야 대성당, 16세기 로마의 성베드로 대성전, 18세기 런던의 세인트 폴 대성당이 세워지면서 그 지위를 빼앗기고 만다. 기록은 깨지기 마련이다.

밀라노 대성당 앞에 서본 관광객은 이 건물이 로마나 피렌체, 베네치아에서 봐왔던 건축양식과는 확연히 다르다는 느낌을 받는다. 이탈리아에서 좀처럼 찾아보기 힘든 알프스 이북에서 유행했던 고딕 양식 성당이기 때문이다. 성당 건설이 시작되던 14세기 후반은 르네상스 건축의 시대였지만 밀라노는 철 지난 고딕 양식을 과감하게 채택했다.

중세를 대표했던 고딕 양식은 유독 당시의 이탈리아에서는 힘을 쓰지 못했다. 비근한 예로 피렌체 산타마리아 대성당 돔 설계 공모에서 구조학적으로 돔의 하중을 안전하게 분산시킬 수 있는 고딕 양식이 제안되었으나, 시 위원회는 단박에 거절했다. 로스 킹은 『브루넬레스키의 돔』에서 "이탈리아 건축가들은 전통적으로 (고딕 양식의) 공중 부벽을 흉물스럽고 부자연스러운 미봉책이라고 여겼기 때문이다. 또한, 전통적으로 피렌체와 경쟁 관계에 있는 독일, 프랑스, 밀라노의 건축양식을 절대 수용하지 않겠다는 자존심도 작용했을 것이다"라며 이탈리아에서 고딕 건축이 드물게 보이는 이유를 설명한다.

그렇다면 밀라노에서 이탈리아 전통 건축에서 꺼리던 고딕 양식으로 대성당을 건설한 이유는 무엇일까. 베네치아의 건축 경향과 비슷한 맥락

∧ 밀라노 대성당.
600년 동안 다양한 건축양식을 융합하여 쌓아 올린 이탈리아를 대표하는 고딕 건축물이다.

으로 생각된다. 활발한 대외 무역으로 다양한 문화가 공존했던 베네치아는 로마보다는 상대적으로 영향을 많이 받은 비잔티움 제국과 이슬람권 나라들의 건축 양식을 도입해 도시를 꾸몄다. 열린 마음이 있지 않고서야 이방인의 문화를 도입하기란 쉽지 않다.

밀라노 대성당 건설에 고딕 양식을 적용한 이유도 밀라노가 과거부터 교역을 위해 알프스 북쪽의 도시들과 긴밀한 관계를 맺었기 때문이 아닐까. 고립된 사회보다는 다양한 사회와 교류하는 곳이 개방적이고 진취적일 확률이 높다.

밀라노는 고딕 양식을 기계적으로 받아들이지 않았다. 기존 양식을 비교 분석하여 자신들만의 노하우를 발견했다. 밀라노 대성당은 이탈리아의 방식으로 재해석한 고딕 양식으로 건설되었다.

밀라노 대성당 건축을 위해 당대를 대표하는 전 유럽의 장인이 총동원되었다. 인근 칸돌리아 채석장에서는 분홍빛, 갈색빛이 감도는 최상의 대리석이 공급되었다. 115개나 되는 하늘을 찌를듯한 첨탑에 성인의 조각상이 올라갔다. 약 3,500여 개의 조각상이 성당을 주변을 둘러 빼곡히 장식했다. 두꺼운 외벽은 사라지고 그 자리를 커다란 스테인드글라스가 채웠다. 밀라노 대성당이 완공되는데 600년이라는 시간이 걸렸다. 긴 세월을 통과하며 그 시대의 대표 양식이 대성당에 접목되었다. 대성당은 건축의 시대상을 살펴볼 수 있는 살아있는 화석이 되었다.

밀라노 대성당은 오랜 역사만큼이나 주요 사건의 현장이기도 했다. 나폴레옹은 1796년 이탈리아 원정 때 대성당을 눈여겨봤을 것이다. 그는 프랑스 황제가 되어 밀라노를 다시 찾았고 대성당에서 자신의 이탈리아 왕 대관식을 거행했다. 세계적인 오페라 작곡가 베르디의 장례식 때도 대성당 앞 광장에 많은 인파가 몰렸다.

오늘날 밀라노 대성당을 보기 위해 많은 관광객이 이곳을 찾는다. 이제는 규모 면에서 세계 최고는 아니다. 하지만 대성당과 대면하는 순간 600년 동안 응축된 인간의 열정과 집념의 기운에 압도되어 대성당은 사람들의 마음속 최고의 건축물로 자리 잡는다. 대성당 앞에 서 본 사람만이 그 경이로움을 느낄 수 있다.

레오나르도 다빈치,
거장이 도시에 깊게 새긴 흔적들

레오나르도 사후 500주년이었던 2019년의 밀라노 거리에는 다른 어느 도시보다 레오나르도의 초상화와 이름이 유독 많이 보였다. 밀라노는 레오나르도의 인생 중 가장 길었던 17년이나 머물렀던 곳이기에 그만큼 그의 흔적이 많이 남아 있는 곳이다. 앞서 살펴본 밀라노 대성당에도 레오나르도의 흔적은 희미하게 남아 있다.

1487년에도 여전히 밀라노 대성당은 공사 중이었다. 시 위원회는 대성당의 신랑과 익랑의 교차지점에 설치할 '티부리오tiburio, 성당 내부에 빛을 들어오게 하고 공기를 순환시키기 위해 설치하는 첨탑' 설계를 놓고 어려움을 겪자 이를 해결할 공모전 개최했다. 스포르차 궁정 무대연출을 맡고 있었던 레오나르도는 자신이 꿈꾸던 엔지니어로서 능력을 펼쳐 보일 좋은 기회라 생각하고 공모전에 참가한다.

당시 피렌체는 주변국과의 긴장 관계 완화를 위해 문화교류를 통한 외교를 진행하고 있었다. 그 일환으로 메디치가의 수장 위대한 자 로렌초는 화가 보티첼리를 로마 교황청으로 보냈고, 베로키오는 베네치아로 파견해 피렌체의 선진화된 문화를 전파했다. 1482년, 레오나르도는 메디치가의 추천장과 자신이 제작한 독특한 악기인 '리라'를 들고 음악 사절의 일원으로 밀라노 궁정을 방문했다.

레오나르도는 밀라노에 도착해 실권자였던 루도비코 스포르차에게 자신이 군사공학자로 다양한 군사 무기를 제작 및 설계할 수 있다고 소개했으나 관련된 일을 얻지는 못했다. 처음에는 스포르차 궁정의 야외극 제작자로서 다양한 기계 장치를 제작해 무대를 화려하게 꾸미는 일을 맡았다. 그런 와중에 개최된 대성당 티부리오 설계를 위한 디자인 공모전은 그의 새로운 능력을 펼칠 도전의 무대였다.

공모전에 제출한 그의 설계안은 르네상스 양식의 이중으로 된 돔 형태였다. 고딕 양식과 어울리는 첨탑을 염두에 뒀던 시 위원회는 레오나르도의 디자인에 부적합 판단을 내렸다. 레오나르도는 공사에서 제외되었지만, 공모전을 준비하는 과정에서 함께 협력했던 유명 건축가들과 친분을 쌓을 수 있었던 것은 행운이었다.

레오나르도는 다양한 분야의 사람들과 함께 협업하는 것을 즐겼고 그 속에서 창조의 불씨를 지폈다. 특히 밀라노 대성당 건설 중 만났던 건축가 브라만테와 친분을 유지하며 공학과 원근법 등의 지식을 더욱 정교하게 다듬었다. 이렇게 축적된 그의 역량은 브라만테가 설계한 산타마리아 델레 그라치에 성당의 식당 마른 회벽에 그려진 〈최후의 만찬〉으로 발현되었다. 인류 역사에 길이 남을 불멸의 획이 밀라노에 새겨지는 순간이었다.

∨ 레오나르도 다빈치 박물관. 이곳에서는 레오나르도가 17년 동안 밀라노에 머물 때 스케치했던 다양한 기계들을 실제 모델로 만들어 전시하고 있다.

15세기 말 프랑스가 밀라노를 침공하자 레오나르도는 밀라노를 떠나 다시 후원자를 찾아 베네치아, 피렌체, 로마 등지를 전전해야만 했다. 마키아벨리 『군주론』의 모델이 되었던 체사레 보르자 밑에서 군사공학자로서 조언하기도 하고, 피렌체 베키오궁에서 대형 벽화를 그림으로써 미켈란젤로와 세기의 대결을 펼치며 세상의 이목을 집중시키기도 했다. 그러나 여전히 창작활동을 지원해 줄 후원자를 찾기란 쉽지 않았다.

다행히도 레오나르도의 말년은 그리 불행하지 않았던 것 같다. 르네상스 문화를 동경했던 프랑스의 젊은 군주 프랑수아 1세는 레오나르도의 능력을 알아보고 그가 프랑스에서 활동할 수 있도록 적극적으로 러브콜을 보냈다. 왕의 적극적인 구애는 성공했고, 레오나르도는 60이 넘은 노구를 이끌고 알프스를 넘었다. 이는 프랑스에 르네상스 문화가 도입되는 신호탄이자, 예술의 불모지에서 중심지도 도약하는데 분기점이 되는 역사적인 사건이었다.

레오나르도는 말년을 프랑수아 1세가 제공한 앙부아즈의 저택에서 편하게 머물렀다. 작업을 끝까지 완성한 경우가 드물었던 그가 자신의 얼마 남지 않은 시간을 예상했는지, 오랫동안 미완성으로 남아 있던 작품 중 하나를 완성하기로 마음먹는다. 그리고 마침내 16년 동안 후원자를 찾아 방랑하며 수정에 수정을 거듭했던 〈모나리자〉에 화룡점정을 찍었다. 그러자 그림은 불사의 힘을 얻게 되었고 현재까지도 그 생동감 넘치는 신비스러운 미소로 전 세계 사람들을 프랑스로 블랙홀처럼 빨아들인다.

　레오나르도는 병참, 도시, 의학, 화학, 자연, 수학 등 인간의 정신이 닿을 수 있는 모든 영역을 호기심을 갖고 탐구했으며 관련 전문가를 만나 배우기를 부끄럽게 생각하지 않았다. 작은 아이디어라도 놓치지 않고 끊임없이 메모했던 그의 행적은 현재까지도 전 세계 사람들에게 많은 영감을 준다.

　대부분 작품을 미완성으로 남긴 그의 삶을 되돌아보면 완성만이 우리가 추구하는 목표일까 생각해본다. 어쩌면 우리가 추구하고 열광하는 것은 완성이라는 목표가 아닐지도 모르겠다. 완성보다는 그곳까지 도달하려는 과정에서 땀 흘리며 얻는 성취감을 통해 우리는 살아 숨 쉬는 세상에서 가장 소중한 존재임을 자각하기 때문이다.

오스트리아의 침략,
통일의 기운이 일어나다

가진 것이 많은데도 불행해지는 아이러니를 석유를 생산하면서도 가난에 허덕이는 남미와 아프리카의 몇몇 나라에서 살펴볼 수 있다. 풍족한 나라일수록 효율적인 자원관리, 높은 정치 청렴도, 국민 통합이 더없이 중요하다. 달콤함이 있는 곳에는 늘 전쟁, 배신, 음모가 암약하며 빈틈을 사정없이 노리고 있기 때문이다.

이탈리아 북부 롬바르디아 지방은 알프스에서 발원한 포강이 평야 지대를 가로질러 흐른다. 강을 따라 비옥한 곡창지대가 형성되었고, 풍부한 수력을 이용해 다른 지역보다 공업을 일찍 발전시킬 수 있었다. 12세기 신성로마제국의 황제 프리드리히 1세는 이 지역을 차지하기 위해 이 탈리아로 쳐들어왔다. 포강을 따라 늘어선 밀라노, 베로나, 모데나, 베네 치아 등 이탈리아 북부 도시들은 심각한 위기를 느끼고 밀라노를 중심 으로 동맹을 맺어 레냐노Legnano에서 황제를 크게 무찔렀다. 외부의 위기 가 사라지자 동맹은 다시 분열되었고 주변국은 늘 이곳을 자기 집 드나 들 듯 침략했다.

제국주의의 광풍이 불어닥친 19세기에도 상황은 달라지지 않았다. 자 국 내부의 분열을 봉합하고 통일에 성공한 스페인, 프랑스, 오스트리아 가 한곳으로 응축된 강력한 힘을 바탕으로 이탈리아를 침략해왔다. 반 면, 여전히 롬바르디아 지방을 비롯한 이탈리아 전체가 여러 도시국가로 분열되어 있었기 때문에 힘 한번 써보지 못하고 그들의 운명을 주변 열 강에게 내맡겨야 하는 비참한 상황에 직면했다.

18세기 말, 프랑스 혁명정부는 나폴레옹을 총사령관으로 임명하여 이 탈리아 북부 전선에 파견했다. 그곳에 프랑스의 안보를 위협하는 오스트 리아가 진을 치고 있었기 때문이다. 나폴레옹은 밀라노를 시작으로 중 북부 이탈리아 전선에서 교황군과 오스트리아군을 물리쳤다. 이듬해인 1797년에는 건국 이래 한 번도 본토 침략을 받지 않았던 베네치아마저 무너뜨리며 이탈리아 중북부 전역에 프랑스 삼색 혁명기가 나부꼈다.

∧ 치살피나 공화국(초록색).
나폴레옹 침략 후 밀라노를 수도로 하는 인구 300만의 거대한 공화국이 탄생했다.

2년간 이탈리아 원정으로 나폴레옹이 지나간 롬바르디아 지역에 밀라노를 수도로 하는 인구 300만 명의 거대한 치살피나Cisalpina 공화국이 세워졌다. 나폴레옹에 의해 강제로 합병된 괴뢰국이었지만, 다른 문화에 살던 사람들이 한 체제에 안에서 협력하며 생활하는 새로운 경험을 했다. 이는 앞으로 통일 이탈리아 운동을 위한 작은 불씨가 될 것이었다.

나폴레옹은 1804년, 나폴레옹 1세 황제로 취임했고 이탈리아를 재침략해 치살피나 공화국을 없애고 그 자리에 이탈리아 왕국을 세웠다. 그는 밀라노 대성당에서 대관식을 치르고 이탈리아 왕이 되어 자신이 만든 나폴레옹 법전을 사회 전반에 걸쳐 적용했다. 계급 타파, 도량형 통일, 공공 교육 확대와 같은 근대적 개혁이 빠르게 진행되었다. 프랑스 대혁명과 나폴레옹 지배를 경험하며 이탈리아 사람들은 운명은 정해진 것이 아니라 스스로 변화시킬 수 있는 것이며, 자신들에게도 그러한 힘이 있다는 것을 깨닫는다.

유럽을 전쟁의 광풍으로 몰아넣었던 나폴레옹은 워털루 전투에서 극적으로 패배하자 그의 날개는 다시는 날 수 없을 만큼 완전히 꺾여 버렸다. 승전국들은 빈 회의에서 유럽의 질서를 되돌렸고, 이탈리아 북부도 다시 오스트리아의 통치를 받는다.

고기를 안 먹어본 사람은 있어도 한 번만 먹어본 사람은 없듯, 정치체제를 돌려놓는다고 해서 자유와 평등의 달콤함을 맛봤던 사람들의 생각까지 되돌릴 수 없었다. 이탈리아 사람들은 그들을 옭매던 억압의 사슬을 끊어버리기로 마음먹었다. 가슴속에는 외세의 침략에서 벗어나 강한 민족국가를 만들어야 한다는 열망이 더욱더 강하게 일어났다.

한편, 유럽 전쟁이 극에 달했던 1813년 무렵 밀라노에서 남쪽으로 100km 떨어진 파르마 공국의 작은 마을에서 음악에 두각을 보이는 아이가 태어났다. 베르디라는 이름을 가진 소심하고 허약한 아이가 향후 50년 뒤 이탈리아 통일의 주역이 될 줄은 아무도 예상하지 못했다.

베르디,
가거라 상념이여 금빛 날개를 타고

고된 삶의 현장에서는 늘 음악이 흐른다. 카리브해 사탕수수 농장의 노예들에게 삶을 더욱 맛깔나게 해주는 살사Sala라는 음악과 춤이 있었기에 그들은 뜨거운 태양 아래서 하루 16시간 이상의 고된 노동을 견뎌낼 수 있었다.

영화 〈쇼생크 탈출〉에서 주인공 앤디는 교도소 내 방송으로 모차르트의 오페라 「피가로의 결혼」에 나오는 아리아를 마음대로 흘려보내 독방에 갇히는 벌을 받는다. 2주 동안의 혹독한 독방생활을 끝낸 주인공은 식당에서 만난 자신을 걱정하는 동료들에게 자신의 가슴을 가리키며

"모차르트가 친구가 되어줘서 힘들지 않았지"라며 미소를 지었다. 절망적인 상황에서도 마음속에 흐르는 음악이 한 줄기 희망의 빛이 될 수 있음을 보여주는 명장면이다.

이렇듯 음악은 인류에게 힘든 시간을 이겨낼 힘을 준다. 로마 멸망 후 1,400년간 뿔뿔이 나뉘어 있던 이탈리아를 하나로 통일시켰던 폭발적인 매개체도 음악이었다. 그 선봉에 이탈리아의 국부로 칭송되는 세계적인 작곡가 베르디Giuseppe Verdi, 1813~1901가 있었다.

1842년, 베르디의 세 번째 오페라 「나부코Nabucco」가 라 스칼라 극장의 무대에 처음 올려졌다. 나부코는 기원전 6세기, 메소포타지역 고대 왕국이었던 바빌론의 왕 '나부카드네자르 2세'의 이탈리아어 표현이다. 오페라는 약속의 땅 유다왕국이 침략당해 많은 히브리인이 바빌론으로 끌려갔던 역사를 모티프로 한다. 3막이 오르고 바빌론에서 비참한 삶을 살아가는 히브리 노예들이 유프라테스 강변에서 고향을 향한 간절한 마음을 담아 부른 합창곡 「가거라 상념이여 금빛 날개를 타고」가 극장에 울려 퍼졌다.

라 스칼라 극장의 관객들은 언젠가 자신의 조국으로 돌아갈 것이라 희망을 품고 합창하는 히브리 노예에게 감정이입 되었다. 히브리인들이 고난을 극복하고 고향으로 돌아가 자신들의 나라를 재건했듯, 이탈리아

∧ 라 스칼라 극장. 배우들이 '에리히 볼프강 코른골트'가 작곡한 3막의 오페라
「죽음의 도시Die tote Stadt」 리허설에 한창이다.

민족도 오스트리아를 물리치고 과거 로마제국의 영광을 되찾아야 한다
는 공감이 극장을 가득 채웠다. 사람들은 이탈리아의 독립과 통일이 실
현 가능한 이상임을 깨달았다. 공연이 끝나자 관객들의 박수와 환호로
무대는 열광의 도가니가 되었다. 이 공연의 성공으로 베르디는 일약 유
럽 최고의 스타 작곡가가 되었다.

파르마의 부세토Busseto라는 조그만 마을에서 1813년 태어난 베르디
는 사실 「나부코」 공연 전까지 좌절의 나날을 보내고 있었다. 사랑하는
두 자식과 아내마저 세상을 떠났고, 「나부코」 직전의 작품은 완전히 실

패했기 때문이다. 인생을 송두리째 바꾸기도 하는 운명이라는 손님은 어느 날 갑자기 자신도 모르게 찾아온다. 너무도 바쁜 손님은 자신의 가치를 알아보지 못하면 가차 없이 떠나버린다. 절망에 빠져있던 베르디는 공연 제작자에게서 받은 「나부코」 대본에서 우연히 '히브리 노예의 합창' 가사 부분을 본다. 그의 안목은 뛰어났다. 자신에게 찾아온 운명을 절대 도망치지 못하도록 꼭 움켜쥔 것이다. 역사에 가정은 없다지만 베르디가 절망을 극복하지 못하고 음악을 일찍 포기했다면 이탈리아의 역사는 어느 방향으로 흘러갔을지 궁금해진다.

베르디는 이때부터 죽을 때까지 정력적으로 작품활동을 이어간다. 1840년대에는 「롬바르디아인」, 「레냐노의 전쟁」, 「에르나니」와 같은 애국심을 고취하는 작품을 만들었다. 1850년대는 「라 트라비아타」, 「일 트로바토레」, 「리골레토」와 같은 당대의 현실을 반영하는 사실주의 작품이 관객의 큰 호응을 얻었다. 베르디는 이탈리아 대표 선배 오페라 작곡가였던 로시니, 벨리니, 도니체티의 뒤를 잇는 예술가로 격상되어 이탈리아 오페라의 4대 천왕 자리에 당당히 이름을 올렸다.

이탈리아 통일의 시간은 다가오고 있었다. 19세기 말, 프랑스 전역에서 울려 퍼진 혁명의 노래 「라 마르세예즈」에 고무된 국민이 조국을 외세의 침략에서 지켜냈듯, 이탈리아 곳곳에 울려퍼진 「가거라 상념이여 금빛 날개를 타고」는 통일 운동의 직접적인 도화선이 되었다. 한 곡의

음악으로 분열된 이탈리아가 한마음이 되어 통일이라는 꿈을 향해 달려
갔다.

라 스칼라 극장,
이탈리아 통일의 발화점

　　밀라노 대성당에서 고급 상점이 모여있는 '비토리오 엠마누엘레 2세 갤러리아'를 통과해 북쪽으로 조금만 걸어가면 '라 스칼라 오페라 극장Teatro alla Scala'에 도착한다. 극장 앞에 서면 과연 이곳이 통일운동이 시작되었던 곳이 맞나 싶을 정도로 외관이 꾸밈없이 단아한 모습이다. 라 스칼라 극장의 관객은 작품 평가에 혹독하기로 정평이 나 있다. 그러나 혹평의 두려움에도 불구하고, 전 세계 오페라 가수나 작곡가는 이곳에서 초연하기 위해 극장의 문을 두드린다. 이것은 극장만이 간직한 가슴 울리는 이탈리아 통일의 서사 때문일 것이다. 베르디의 음악으로 촉발된 이탈리아 통일운동의 마지막은 어떻게 마무리되었을까.

통일운동은 이탈리아에서 유일하게 입헌군주제를 유지하고 있었던 사르데냐 왕국 주도로 신속하게 진행된다. 사르데냐 왕국의 총리 카보우르는 사보이아Savoia 왕가의 고향인 니스와 사보이아를 프랑스에 양도하는 무리수까지 두면서 나폴레옹 3세 황제를 이탈리아 전선으로 끌어들였다. 그 여세를 몰아 사르데냐-프랑스 연합군은 오스트리아를 물리치고 밀라노에 입성한다.

이탈리아 통일의 또 다른 주역 가리발디 장군은 1860년 붉은 셔츠를 입은 의용군 천 명을 모아 시칠리아에 상륙해 섬을 해방했다. 이후 메시나 해협을 건너 이탈리아 본토로 들어가 나폴리를 향해 진군하며 남부 대부분 지역 또한 해방한다. 가리발디는 북부에서 내려온 사르데냐 왕 비토리오 엠마누엘레 2세Vittorio Emanuele II, 재위 1861~1878와 만나 자신이 통일했던 남부 지역의 권한을 왕에게 인계하고 함께 나폴리로 입성했다. 이로써 로마와 베네치아를 제외한 이탈리아의 대부분 지역이 사르데냐 왕국에 의해 통일되었다. 그리고 10년 뒤 그토록 염원했던 이탈리아의 통일이 로마 멸망 후 1,400년 만에 마침내 달성되었다.

베르디의 음악이 통일로 연결될 수 있었던 것은 예술을 사랑하고 장려했던 이탈리아 민족의 전통이 있었기에 가능했다. 사람들은 "이탈리아는 밀라노의 라 스칼라 극장에서 태어났다"라고 할 정도였다. 현재도 「가거라 상념이여 금빛 날개를 타고」는 이탈리아의 제2의 애국가라 할

∧ 라 스칼라 극장.
  전 세계 3대 오페라 극장 중 한 곳이며 전 세계 음악가들이 공연하고 싶어 하는 곳이다.

정도로 국민에게 사랑받는 곡이다.

통일에 크게 이바지한 베르디는 초대 이탈리아 왕국의 하원의원이 되어 정치인 경력도 추가했다. 1871년, 독일 음악계에 떠오르는 샛별이었던 바그너의 악극에 대항하여 베르디는 초대형 스케일의 오페라 「아이다」를 작곡하며 노익장을 과시했다. 또한, 국민 작가인 만초니Alessandro Manzoni가 타계했을 때 그에게 진혼 미사곡 「레퀴엠」을 헌정하면서 자신의 재능이 오페라 작곡에만 한정되어있지 않다는 것을 전 세계에 증명했다. 1901년, 베르디가 타계했을 그의 운구를 지켜보기 위해 밀라노의 30만 명의 시민이 운집하였고, 도시 전체는 「가거라 상념이여 금빛 날개를 타고」를 조용히 따라부르며 그의 명복을 빌었다.

　라 스칼라 극장 앞 광장에는 조각상이 하나 서 있다. 그 조각상은 상념 가득한 모습으로 극장을 응시한다. 무슨 생각을 하고 있길래 이리도 엄숙해 보일까. 다시는 과거처럼 분열되어 외세에 나라를 빼앗기지 말라는 준엄한 경고를 하는듯하다. 조각상의 주인공은 500년 전 프랑스가 밀라노를 침략했을 때 어쩔 수 없이 이곳을 떠나야 했던 레오나르도 다 빈치다.

꼬모,
알프스가 빚은 숨겨진 보석

　　밀라노를 방문한 관광객이 시간이 허락한다면 꼭 들리는 곳이 호반의 도시 꼬모Como이다. 꼬모는 이탈리아와 스위스 국경에 면한 작은 도시로 밀라노에서 차로 1시간 정도 거리에 위치한다. 알프스의 만년설이 빚어놓은 호수 한편에 자리한 꼬모는 고대 로마 때부터 수려한 자연경관과 서늘한 기온 때문에 귀족의 여름철 휴양지로 유명했다. 현재도 여전히 알프스의 매력을 물씬 느낄 수 있는 곳으로, 이제 귀족이 머물렀던 저택은 할리우드 스타들의 별장으로 대체되었다.

　　꼬모 여행은 후니쿨라산악열차를 타고 부르나테Brunate산 정상 전망대에 올라봐야 그 진가를 알 수 있다. 에메랄드빛의 호수 너머 서쪽으로 끝없이 이어지는 알프스 영봉을 스위스에 가지 않고도 마음껏 감상할 수 있기 때문이다. 붉은색의 다양한 지붕들이 꼬모 대성당을 중심으로 붉은 꽃잎처럼 흩어져 있는 모습 또한 이탈리아에서 보기 드문 서정적인 풍경을 선사한다.

아름다운 호반 도시에서 1945년 4월, 근대 이탈리아 역사의 한 장을 마무리 짓는 사건이 일어났다고는 상상하기 쉽지 않다. 독일군 복장의 한 남성이 그의 연인과 함께 이곳에 숨어들었고 곧 스위스를 거쳐 스페인으로 망명하려던 참이었다. 그곳에 도착하면 그를 지원하는 또 다른 파시스트인 스페인의 독재자 프랑코Franco, 임기 1936~1975가 그를 반겨줄

∨ 부르나테산 전망대.
　아름다운 꼬모 호수 뒤편으로 알프스 만년설 봉우리들이 꼬리에 꼬리를 물고 이어져 있다.

터였다. 그러나 권투 선수 마이크 타이슨이 "누구나 그럴듯한 계획이 있다, 쥐어 터지기 전까지는"이라고 했듯, 변덕스러운 운명이 그의 그럴듯한 탈출 계획을 섬길지는 미지수였다.

미완성으로 남은
통일 이탈리아

몇 년 전, 20세기 혁명의 아이콘 체 게바라의 흔적을 따라 볼리비아의 바예그란데까지 힘겹게 찾아간 적이 있다. 그런데 생각과 다르게 그곳에서 체 게바라와 관련된 장소를 찾기란 쉽지 않았다. 주변 사람들에게 물었으나 그가 누구인지조차 알지 못했다. 다행스럽게도 그 지역 관광 가이드를 만나 대화할 수 있었고, 머리를 한 대 맞은듯한 충격을 받았다. 혁명이 성공한 쿠바에서 체 게바라는 국가 영웅이다. 그러나 남미에서 미국 제국주의로부터 민중의 해방을 위해 싸웠던 그에 대한 평가는 단순 테러리스트에 불과했다. 심지어 바예그란데 사람들은 그가 누구인지 관심조차 없었다. 쿠바의 혁명은 성공했지만, 볼리비아에서의 혁

∧ 세뇨르 데 말타 병원 내 세탁실.
　 1967년, 혁명가 체 게바라는 볼리비아 정부군에 의해 사살되어 이곳 세탁실에서 언론에 공개된다.

명은 실패했기 때문이다. 어떤 대상의 평가는 늘 상대적일 수 있고, 세상에 절대적 관점은 있을 수 없다는 교훈을 얻었던 에피소드였다. 이탈리아 통일의 관점도 북부와 남부에서 큰 차이를 보인다. 그 매울 수 없는 간극은 오늘날까지 이어져 힘겹게 이룩한 이탈리아 통일의 옥에 티로 남았다.

　1870년, 이탈리아에 마지막까지 남아 있던 교황령 로마까지 사르데냐 왕국에 통합되면서 통일 이탈리아 왕국이 탄생했다. 강한 이탈리아를 만들기 위한 다양한 정책이 시행되었다. 하지만 통일의 열기가 식기도 전에 조금씩 내부적으로 균열이 일어났다.

초기 이탈리아 왕국에서 실행했던 경제정책은 주로 북부 공업 도시에 혜택이 집중되었다. 반면, 농업 중심이며 여전히 봉건제의 영향이 지배적이었던 남부 지역은 발전에서 소외되었다. 남부의 대표 도시였던 나폴리, 시칠리아는 서서히 몰락했다. 농민들의 세금 부담은 커졌고, 불합리한 토지 분배는 또 다른 신흥 부자를 만들어낼 뿐 민중의 삶은 전보다 비참해졌다. 통일이 과연 남부에는 어떤 혜택을 주었으며 왜 삶은 전보다 더 비참해지는지 비관하며, 농민들은 더는 참지 않고 정부를 향한 투쟁을 선택했다. 농민과 함께 몰락한 소자본 지주들도 가세하면서 평화롭게만 보였던 드넓은 들판에 봉기의 거센 파도가 휘몰아쳤다. 정부군이 봉기를 진압하면서 통일 과정에서 발생한 희생자보다 더 많은 사상자가 나왔다. 이탈리아에서 더는 희망이 없다고 여긴 남부 사람들은 산업화 성공으로 인력이 많이 필요했던 아메리카 대륙을 향해 대서양을 건넜다. 오늘날 미국과 남미의 아르헨티나에 볼 수 있는 커다란 이탈리아 커뮤니티는 이렇게 형성되었다.

세계 3대 미항을 기대하고 나폴리를 방문한 여행객은 그 초라하고 낙후되고 쓸쓸한 도시의 모습에 실망감을 감추지 못한다. 21세기에 들어서도 여전히 남부는 북부보다 경제적으로나 문화적으로 열악하다. 혹자는 따뜻한 남부 지역 사람들이 게을러서, 또는 이곳에 들어오는 많은 아프리카의 난민으로 인해 여전히 낙후되고 치안이 안 좋다고 단정한다. 그러나 남부의 근본적인 문제는 이탈리아 통일 당시의 기울어진 경제정책에서부터 찾아야 하지 않을까. 아무리 부지런하고 똑똑한 국민도 부패한 정치와 편향된 경제정책 아래에서 동기부여되기란 쉽지 않을 것이다. 역동적인 사회를 만드는 동기부여라는 엔진이 사라진다면 어느 곳이나 이탈리아 남부와 같은 침체를 경험할 수 있을 것이다. 이러한 혼란 속에서도 이탈리아는 북부 대표 도시인 밀라노, 토리노를 중심으로 꾸준히 성장했다.

제국주의의 광풍이 몰아치던 19세기, 이탈리아는 기회를 놓치지 않고 서유럽에서 마지막으로 이 거센 바람에 편승한다. 그리고 통일로 만들어 낸 강력한 힘을 사용해 침략할 곳을 찾기 시작했다. 과거 로마제국이 침략을 통한 문명의 전파자였다면, 그들의 적자였던 이탈리아는 광폭한 약탈자의 길에 그들의 운명을 맡겼다.

무솔리니,
꼬모에서 맞은 파시스트의 최후

1914년, 사라예보의 '라틴 다리'에서 울려 퍼진 두 발의 총성이 전 세계를 전쟁의 도가니로 몰고 갔다. 제1차 세계대전의 시작이었다. 통일 후 꾸준히 북부를 중심으로 성장하고 있던 이탈리아는 1915년 연합군으로 참전해 승전국이 되었지만, 허울뿐인 영광이었다. 많은 젊은이가 전쟁에 끌려나가 희생되었고 스페인 독감으로 국토는 만신창이가 되었다. 인구의 감소로 국내 산업 전반의 생산량은 급감해 경제는 나락으로 떨어졌다. 승전국 이탈리아에 돌아온 몫은 예상과는 다르게 남티롤 정도의 조그만 땅덩어리에 불과했다. 이는 같은 승전국인 프랑스, 영국이 차지한 영광과 비교해 한참 부족했다. 사회는 생기를 잃고 국민은 패배 의식에 휩싸였다. 게다가 러시아 혁명이 발발하여 사회주의 사상이 알프스를 넘어 이탈리아 민중에게 퍼지면서 사회는 더욱 혼란스러워졌다.

이렇게 혼란스러운 상황에서 대중은 강력한 리더십으로 자신들을 이끌어줄 누군가를 찾기 마련이다. 이때 나타난 정치가 무솔리니Benito Mussolini, 1883~1945는 파시스트당을 만들어 무기력에 빠진 대중의 마음을 휘어잡았고 자본가, 보수주의자들의 커다란 지지를 받으며 세력을 키워나갔다. 1922년에는 로마로 진군하여 이탈리아 왕국의 수상이 되었고 이후 스스로 최고의 통치자라는 '두체Duce'의 호칭을 사용하며 무소불위의 전권을 행사한다.

이 시기 사회간접자본에 많은 투자가 이뤄졌다. 베네치아 본섬까지 이어진 평화의 다리, 밀라노를 지나 꼬모까지 이어지는 A1 고속도로가 건설된다. 고속도로는 계속 연장되어 로마를 거쳐 남부 나폴리까지 연결되자 비로소 이탈리아의 대동맥이 만들어졌다.

로마제국의 황제와 자신을 동일시했던 무솔리니는 활발한 대외정책으로 자신의 능력을 입증해 보이려 했다. 그동안 벼려왔던 칼날을 아프리카에 겨눠 에티오피아를 식민지로 만들자 국민들은 이탈리아 첫 공식 식민지를 열렬히 환영했다. 로마가 무너지고 오랜 기간을 외세의 침입에 시달리고 힘겨운 삶을 살았던 이탈리아였다. 그러나 칼자루를 쥐자 과거 고난의 기억은 헌신짝처럼 버려버리고 탐욕스러운 약탈자로 변하고 말았다.

무솔리니의 파시스트 정권은 심지어 스페인 내전에도 개입하여 프랑코가 이끄는 반군을 적극적으로 지원했다. 1940년, 무솔리니는 프랑스를 점령한 독일 나치를 따라 제2차 세계대전에 참전한다는 운명의 결정을 내렸다. 자신도 히틀러처럼 국민에게 뭔가를 보여줘야 했기 때문이다. 그러나 무솔리니의 행운은 딱 거기까지였다. 이후 이탈리아는 튀니지 및 아프리카 전선에서 패배했고, 연합군이 시칠리아에 상륙하자 파시스트 군대 내부에서는 반란이 일어났다. 시민들은 계속되는 전쟁에 피로감을 느끼고 파시스트 정권에 등을 돌렸다. 무솔리니의 몰락이 시작되었다.

1945년 4월 엘베강 연안 토르가우에서 동쪽으로 향하던 미국을 주축으로 한 연합군과 서쪽으로 진군하던 러시아 붉은 군대가 서로 만났다. 전세는 거의 연합군의 승리로 기울어졌다. 이 소식을 듣고 더는 전쟁에 가망 없다고 생각한 무솔리니는 스위스 국경을 넘어 스페인으로 망명하기 위해 변장을 하고 연인과 함께 꼬모에 숨어들었다. 하지만 그의 계획은 잠복해 있던 파르티잔 대원에게 발각되어 실패로 끝이 났다. 무솔리니는 결국 알프스를 넘지 못하고 아름다운 꼬모 호수에서 비극을 맞이했다.

∧ 꼬모 도심 풍경. 이 아름다운 마을에 1945년 무솔리니와 그의 정부 클라라가 숨어들었다.

파르티잔에 의해 총살당한 후 그의 시신은 밀라노 한 광장 주유소에 공개 효수되어 죽어서도 온갖 치욕을 겪는다. 그동안 브레이크 없이 달려왔던 이탈리아 파시즘에 제동이 걸렸다. 이탈리아인들은 견제될 수 없는 독재의 문제점을 자각하고 1948년 국민투표를 통해 사상 최초로 이탈리아 공화국을 선포한다. 전쟁으로 황폐해진 국토를 재건해야 하는 상황에 직면했다. 그들은 포기하지 않았다. 늘 그래왔던 것처럼 다시 일어설 준비를 했다.

찬란했던 로마의 문명은 이민족의 침입으로 천 년 동안 땅속에 묻혔다. 그러나 피렌체가 땅속에서 소멸을 기다리고 있던 로마의 문명을 다시 세상으로 끄집어내어 더욱 세련되게 다듬어 르네상스 문화로 회복시켰다. 이후 르네상스는 로마와 베네치아를 거치면서 거침없이 역동적이고 자유로운 정신의 바로크로 변주되기도 했다. 종국에는 밀라노에 이르러 과거의 모든 문화적 역량이 융합되어 1,400년 동안 분열되어 있었던 이탈리아를 하나로 만들어 오늘까지 이어진다. 로마에서 시작된 길은 이렇게 단절의 위기를 극복하고 끊김 없이 이어졌다.

루체른, 창조의 길

"사과가 얹어졌던 이 머리로부터
자네들을 위한 새롭고 더 나은 자유가 싹틀 거야.
옛것은 무너지고 시대는 변하고,
폐허로부터 새로운 삶이 꽃피는 거지"

－『빌헬름 텔』, 프리드리히 실러

무제크 성벽

카펠교

루체른 역

빈사의 사자상

루체른 호수

루체른

리기산

고타르트 고개,
고립을 넘어 세상과 소통하다

꼬모에서 스위스 국경을 지나면 본격적으로 알프스 품속으로 들어간다. 빙하 호수가 드문드문 보이기 시작하고 만년설로 뒤덮인 알프스 고봉들이 가까워진다. 주위의 절벽에서 떨어지는 폭포는 그 가늠할 수 없는 높이로 인해 땅에 닿기도 전에 안개처럼 사라진다. 도로변에 어렴풋이 보이는 로마 시대부터 사용했을 법한 눈이 부시도록 새하얀 대리석 채석장은 그 자체가 하나의 조각품으로 알프스 초입을 더욱 웅장하게 만든다. 잠시 후 스위스와 이탈리아를 연결하는 고타르트 고개 Gotthard Pass, 2,108m를 통과한다.

∧ 악마의 다리. 13세기 쉴레넨 협곡에 다리가 건설되면서 고타르트 고개는
알프스 남북을 잇는 교통의 요지가 되었다.

예로부터 사람들은 지역적인 한계를 극복하고 서로 교류하고 소통하
고자 늘 새로운 길을 개척해왔다. 3,000m 이상의 고봉이 즐비한 험준한
알프스의 산군에도 길은 개척되었다. 북유럽과 이탈리아를 이어주는 이
고개의 이름에 산길 수호성인 '고타르트' 이름을 붙여 안전을 기원했다.
이후 이곳에 새로 만들어진 도로와 터널은 모두 '고타르트'라는 수식어
가 붙는다.

고타르트 고개를 넘기 위해 통과해야 했던 가장 위험했던 구간인 쉴

레넨Schöllenen 협곡에 1220년 나무다리가 놓이면서 안전하게 알프스를 통과하는 길이 열렸다. 이 협곡을 지나 고타르트 고개를 넘으면 만나는 가장 큰 도시가 밀라노다. 교역을 위해 많은 상인이 이 고개를 넘었다.

사람이 많이 모이는 곳에 돈이 모이는 법이다. 고타르트 고개의 경제적 이점을 파악한 합스부르크가는 이곳을 차지하기 위해 끊임없이 스위스를 침략했다. 이에 알프스 주변 3개의 주 대표가 모여 동맹을 맺고 합스부르크에 대항했다. 스위스는 이렇게 탄생했다.

십자군 전쟁 때 예루살렘이 이슬람 세력권으로 넘어가자 로마로 가는 순례객이 늘어나 고타르트 고개의 이용이 잦아졌다. 16세기 종교개혁이 본격화되면서 예루살렘 성지순례는 더욱더 뜸해진 반면 로마는 몰려드는 순례객으로 함박웃음을 지었다.

19세기 들어 고타르트 고개의 효율적이고 안전한 통행을 위해 열차가 다닐 수 있는 터널을 뚫었다. 10년간의 공사 끝에 1882년, 15km의 터널이 완공되었다. 이후 차량이 일반화되자 16.9km 길이의 차량용 터널을 1980년 추가로 개통한다. 2016년 완공된 열차용 고타르트 베이스 터널의 길이는 57.5km로 전 세계에서 가장 긴 터널로 기록되었다. 이로써 기존 고타르트 터널에서 대형 화물 트럭으로 인해 발생했던 소음, 매연, 사고의 문제가 해결되었고 알프스 남북 간의 인적, 물적 이동이 더욱

더 빠르고 활발해졌다.

　사람들이 서로 만나 소통하고 교역하고자 하는 열망은 알프스라는 거대한 산맥을 뚫을 정도로 강렬했다. 스위스인들은 척박한 환경에 스스로 고립되지 않고 끈질긴 근성으로 길을 개척하여 주변으로 나아갔다. 스위스를 여행하면서 마주치게 될 수많은 터널과 전망대가 그것을 대변한다. 스위스 여행은 새로운 길을 끊임없이 창조했으며 지금도 만들고 있는 개척자들을 만나는 여정일지도 모르겠다.

루체른 호수,
빌헬름 텔이 쏘아 올린 스위스 건국

　　스위스 중부, 알프스의 장엄함을 병풍처럼 두르고 있는 호수 한쪽에서 중세 모습을 잘 간직한 도시 루체른을 만날 수 있다. 구시가지에 들어가기 위해 건너야 하는 카펠교는 14세기 만들어진 유럽에서 가장 오래된 목조 다리다. 고색이 창연한 도시의 초입에 이만큼 어울리는 다리가 또 있을까. 다리를 건너면 나타나는 도심 가득 들어선 고풍스러운 건물들, 그 건물들이 만들고 있는 어두침침한 그늘, 그 사이를 모세혈관처럼 뻗어 나간 좁은 골목길, 작은 광장들, 분수와 프레스코 벽화, 북쪽 언덕에 남아 있는 14세기 건설된 무제크 성벽은 시간을 빠르게 되감아 중세 어느 도시로 관광객을 데려다 놓는다.

∧ 카펠교. 14세기 만들어진 카펠교는 유럽에서 가장 오래된 목조 다리다.
루체른 호수와 로이스 강이 만나는 지점에 만들어진 다리는 도시의 최전방 방어선이기도 했다.

　구시가지를 살펴보면 루체른은 중세시대에 꽤 번성했던 도시였음을
짐작할 수 있다. 고타르트 고개를 넘기 전 반드시 거쳐야 했던 지리적인
이점 때문이었다. 늘 다양한 사람과 물자가 모였기에 번영을 누렸고 진
취적이었다. 이런 환경은 주변 강대국에 침략의 빌미가 되기도 했다.

　유럽 역사에서 빼놓을 수 없는 명문 가문인 합스부르크가는 매번 기
회만 되면 스위스를 침략했다. 서유럽 중앙에 자리한 스위스는 이탈리
아로 가는 길목이었고 그곳을 차지하기만 한다면 막대한 경제적 이익을
보장받을 수 있었기 때문이다. 이런 노른자위 땅을 주변에서 가만히 둘
리 없었다.

독일 대표 극작가이자 시인 프리드리히 실러Friedrich Schiller는 말년에 스위스 건국 신화를 바탕으로 한 희곡『빌헬름 텔』을 집필했다. 주인공 빌헬름 텔과 그의 아들은 마을 어귀를 지나던 중 합스부르크에서 파견된 태수 게슬러의 모자가 걸린 장대에 인사하지 않고 지나친다. 이를 빌미 삼아 게슬러는 체포 대신 빌헬름 텔에게 잔인한 제안을 하나 한다. 그리고 빌헬름 텔은 눈물을 머금고 아들의 머리에 올려진 사과를 향해 화살을 날려야만 했다. 태수 한 마디에 사람의 목숨이 이렇듯 가볍게 취급되던 비극의 시기였다. 이후 체포와 탈출을 거듭하던 빌헬름 텔이 마침내 게슬러의 심장에 분노의 화살을 박아 넣음으로써 스위스 독립의 불길이 전국에 타올랐다.

약자들이 강자에게 대항하기 위한 효과적인 방법은 연대이다. 루체른은 억압에 굴복하지 않고 자유를 위해 합스부르크가와 싸우기로 마음먹었다. 당시 루체른 호수 근처의 뤼틀리 언덕에서 합스부르크의 만행에 맞서 3개의 칸톤우리, 슈비츠, 운터발덴이 동맹을 맺고 죽을 때까지 함께 싸우기로 맹세했다. 이들이 동맹을 맺은 1291년이 스위스 건국의 시작이다. 이 시기가 빌헬름 텔이 활동했던 시기였다. 루체른은 네 번째 칸톤스위스의 주(州)으로 스위스 동맹에 가입했다. 이어 인근의 취리히, 추크, 베른이 동맹에 가입함으로써 더욱더 효과적으로 합스부르크가에 대응할 수 있게 되었다.

스위스 동맹은 똘똘 뭉쳐 이후 모르가르텐 전투에서 오스트리아를 격파하고 자치를 얻어냈으며, 신성로마제국과의 전쟁에서도 승리하여 15세기 말에는 실질적인 독립국으로 인정받기에 이른다. 매번 전쟁에 승리하며 오만에 빠진 스위스는 힘을 과신하고 이탈리아 북부 밀라노까지 침략했다. 그러나 마리냐노 전투에서 프랑스-베네치아 연합군을 상대로 처음으로 크게 패하고 만다. 실수는 누구나 할 수 있다. 거기서 의미를 발견할 수 있느냐가 관건이다. 큰 교훈을 얻은 스위스는 그 후로 절대 다른 나라는 침략하지 않고 자국의 방위에만 신경 쓰며 영세무장중립국으로써의 역할을 착실히 수행한다.

17세기 초, 전 유럽이 가톨릭과 개신교로 나뉘어 서로의 종교를 말살하려 큰 전쟁을 치렀다. 전쟁의 화마 속에서도 스위스는 내부 분열을 막고 중립을 유지하여 큰 피해없이 나라를 지켜낼 수 있었다. 피비린내 나는 30년 종교전쟁은 서로의 종교를 인정하는 것으로 끝났다. 스위스는 이때 공식적인 독립국 지위를 얻었다. 18세기 후반 나폴레옹에 의해 한때 동맹이 해체되고 헬베티아 공화국이 세워지는 위기를 맞기도 했다. 하지만 1815년, 빈 회의에서 다시 영세중립국 지위를 인정받았고 1848년에 스위스 연방공화국 정부가 베른에 수립되어 오늘날에 이른다.

루체른의 또 다른 매력을 느껴보기 위해서는 루체른 호수를 오가는 유람선을 타봐야 한다. 중세의 도시를 걸을 때와는 다른 관점에서 호수 주변 전체를 조망할 기회를 준다. 건국의 주역이었던 3개의 칸톤이 서로 단단히 손을 잡은 듯한 모습이 보인다. 오늘날의 강한 스위스의 진정한 힘은 이러한 서로에 대한 연대와 끝없는 신뢰라는 것을 보여준다.

리기산,
끊임없는 창조의 화수분

여행의 매력 중 하나는 매일 맞이하는 낯선 곳에서의 아침이다. 이질적이고 낯선 환경과의 만남은 무덤덤했던 감정의 호수에 파동을 일으킨다. 고인 물은 썩기 마련이다. 내면의 감정을 흔드는 것들에 대해 숙고하고 성찰하면서 인간은 성장할 기회를 얻는다. 그래서일까. 많은 사람이 편한 집을 마다하고 전에 없던 특별한 영감을 얻기 위해 여행길에 오른다. 그리고 그 낯선 길에서 세상을 바꿀 위대한 생각을 품기도 한다. 루체른 호수와 추크 호수에 둘러싸인 리기산은 오랫동안 많은 이들에게 영감의 원천으로 명성이 자자했다.

루체른에서 유람선, 산악열차, 곤돌라를 이용하여 오를 수 있는 리기산은 여름에는 트레킹, 산악자전거와 같은 다양한 레포츠를 즐길 수 있고, 겨울에는 훌륭한 스키 슬로프로 변하기 때문에 늘 많은 사람으로 북적이는 곳이다. 리기산은 '산의 여왕'이라는 매력적인 별명을 가지고 있는데 정상에 올라보면 그 이유를 알 수 있다. 남서쪽으로 파노라마처럼 끝없이 펼쳐진 장엄한 알프스 봉우리의 향연을 이곳처럼 한눈에 조망할수 있는 전망대는 스위스 전역에서 찾아보기 힘들다.

예전부터 높은 곳에서 바라본 풍경은 사람들의 생각을 크게 변화시켜 깨달음을 주었다. 14세기를 대표하는 인문학자 페트라르카는 몽방투에 올라 플랑드르의 전경을 바라보고 느낀 깨달음으로 르네상스의 불씨를 지폈으며, 16세기 탐험가 발보아가 파나마의 높은 산에 올라 유럽인 최초로 태평양을 목격하면서 본격적인 대항해시대가 도래했다. 19세기 파리에 건설된 300m 높이의 에펠탑은 인간이 상상하지 못했던 관점으로 도시를 바라볼 기회를 주었다. 관점의 변화를 통해 깨달음을 얻은 사람들이 세상을 변화시켜 나갔다.

리기산 정상이 전해주는 알프스의 웅장한 장관은 20세기 문인들의 내면세계를 흔들어 놓기 충분했다. 미국 작가 마크트웨인, 독일 문호 괴테, 영국 낭만주의 시인 바이런은 리기산에 올라 거칠고 야성미 넘치는 알프스의 정기를 온몸에 각인시켰다. 그들의 경험이 작품에 녹아들어

∧ 리기산. 리기쿨룸(Rigi Kulm)에 오르면 남쪽으로 알프스 만년설 봉우리의 향연이 펼쳐진다.
이 때문에 예전부터 많은 문인이 이곳을 찾아 영감을 얻곤 했다.

『허클베리 핀의 모험』, 『파우스트』, 〈만프레드〉와 같은 인류 고전이 탄생했다.

리기산뿐만 아니라 알프스로 둘러싸인 스위스 전역이 문인들이나 예술가들에게는 아이디어의 원천이었다. 철학자 니체는 장크트모리츠에서 영감을 얻어 『차르투스트라는 이렇게 말했다』를 집필했고, 헤르만 헤세도 루가노에서 『싯다르타』와 같은 작품을 남겼다.

매일 접하는 상상을 초월하는 자극적이고 저속한 뉴스의 홍수 속에서 우리의 감각은 점점 더 무뎌져 간다. 익숙함의 외피가 너무 두꺼워 새로운 자극이 침투할 작은 틈새도 없다. 자극이 없으니 생각할 필요가 없는 삶이 되어버렸다. 하지만 희망은 있다. 익숙한 것과 이별하고 매일매일 낯선 아침을 맞고 싶다면 리기산을 찾아라. 그곳에 올라 알프스의 웅장함에 흠뻑 젖고 나면 가슴 떨리게 찬란한 태양을 다시 만날 수 있을 것이다.

빈사의 사자상,
유럽의 진짜 사나이 스위스 용병

2018년 싱가포르 북미 정상회담 시 경호를 맡았던 네팔 출신의 그루카 용병이 화제가 되었다. 세계에서 가장 용맹한 군인으로 알려진 그루카 용병은 19세기 영국의 동인도회사가 네팔을 침공했을 때 구부러진 칼 한 자루로 영국군을 공포로 몰아넣었던 히말라야 산악민족이다. 동인도회사는 그들의 용맹과 강인함에 깊은 인상을 받아 용병 계약을 맺었다. 이후 구르카 용병은 영국이 참전한 모든 전쟁에 모습을 보이면서 유럽에 알려지게 되었다. 히말라야 고산 지대의 척박한 환경이 그루카족을 더욱더 강한 전사로 변모시켰다.

히말라야가 구르카 용병을 키웠다면 유럽의 알프스는 스위스 용병을 탄생시켰다. 중세 이래 유럽 왕들이 가장 선호하는 용병은 알프스산맥의 거친 환경을 극복하고 살아남은 스위스인이었다. 스위스인의 강인함은 건국 이후 500년 동안 단 한 번도 함락된 적 없이 영세중립국으로 남아 있는 것으로도 증명가능하다.

19세기까지 스위스는 유럽 최빈국 중 하나였다. 국토의 60% 이상은 산악지형이라 농사지을 땅은 턱없이 부족했고 부존자원은 찾아볼 수도 없었다. 오늘날 최고의 관광자원인 알프스는 당시 사람들에게는 생존을 위해 극복해야 할 대상이었다.

스위스에서 돈 벌 수 있는 유일한 방법은 해외 용병으로 나가는 것이었다. 많은 젊은이가 돈을 벌기 위해 해외로 나갔다. 스위스 용병의 충성심과 강인함이 유럽 전역에 알려진 것은 1527년 발생한 '로마 약탈'과 관계가 깊다. 당시 스페인과 신성로마제국 군대가 로마를 함락했다. 스위스 용병은 마지막까지 목숨을 바쳐 고용주였던 클레멘스 7세 교황 곁을 지켰다. 목숨을 건진 교황은 스위스 용병의 충성심과 용맹에 크게 감명을 받았다. 그 뒤부터 교황청 근위병은 스위스 용병을 고용하는 것이 전통이 되어 현재까지 이어진다. 성베드로 대성전에서 봤던 알록달록한 르네상스풍의 유니폼을 입고 근엄한 표정으로 경비를 서던 이들이 스위스 용병이다.

∧ 스위스 근위병. 미켈란젤로가 디자인했다고 전해지는 르네상스풍의 유니폼을 입은 스위스 근위병이 미늘창을 들고 바티칸을 지키고 있다.

로마 약탈사건 이후 유럽의 왕들은 한번 계약을 맺으면 목숨 바쳐 충성을 다하는 스위스 용병을 적극적으로 고용하기 시작했다. 알프스 산악지역에서 살아갈 방도가 없었던 많은 젊은이가 돈을 벌기 위해 해외로 나갔다. 유럽의 왕들은 매일 서로 합종연횡하며 끊임없이 전쟁을 이어갔다. 스위스 용병도 자연스럽게 고용주의 진영에서 전쟁을 치렀고, 문득 같은 스위스 민족끼리 서로 싸우고 있음을 깨달았다. 동족상잔의 비극이 벌어진 것이다.

스위스 용병 역사에서 또 한 번의 큰 사건은 프랑스 대혁명 중에 일어났다. 파리 시민들은 조만간 대프랑스 동맹이 루이 16세를 구하려 파리를 공격할 것이라는 소식에 두렵고 흥분한 상태였다. 1892년 시민들은 전쟁의 원인이 된 왕을 제거하기로 마음먹고 튈르리궁을 공격했다. 왕은 진즉 피신했으나 그곳을 지키던 스위스 용병 786명은 고용주로부터 따로 피신하라는 명령을 받지 못했으므로 성난 시민군을 상대로 끝까지 저항했다. 당시 다른 나라 출신의 용병들은 도망갔으나 스위스 용병은 전원 전사하면서 고용주와의 계약을 이행했다.

루체른 북동쪽 한편에 절벽을 깎아 만든 사자의 부조가 있다. 등에 창을 맞은 사자는 괴로워하고 있으면서도 끝까지 백합무늬 방패를 붙들고 있다. 이곳은 프랑스 대혁명 당시 용맹스럽게 산화한 스위스 용병을 기리기 위한 곳이다. 사자가 붙들고 있는 백합무늬가 수놓아진 방패는 프랑스 마지막 왕조 부르봉을 상징한다. 프랑스 왕조는 사라졌지만, 스위스 용병의 용맹은 사람들의 기억에 살아남았다. 19세기 들어 스위스는 해외 용병으로 나가는 것을 헌법으로 전면 금지했다. 돈을 대가로 젊은 이들의 소중한 목숨을 바쳐야 했던 비극의 시대가 비로소 막을 내렸다.

언젠가 루체른에서 손님에게 필요한 약을 사러 약국에 갔다. 약사는 환자 상태를 캐물은 후 5분 정도 쉴 새 없이 약에 관해 설명했다. 약으로 인해 생길 수 있는 부작용을 사전에 차단하겠다는 굳은 의지가 느껴졌다. 우리나라 같은 빨리빨리 문화에서는 상상도 할 수 없는 일이었다. 한 때는 스위스 용병이 너무 고지식해서 소중한 목숨을 너무 쉽게 버리지 않았나 생각했다. 스위스의 약국에서 만난 자신의 업을 소명으로 여기고 고지식할 정도로 최선을 다하는 약사를 보면서 생각이 바뀌었다. 기본 원칙을 충실하게 지켰기에 오늘날의 스위스는 존재할 수 있었다.

인터라켄, 개척의 길

"최고의 목표에 도달하기 위하여
자기 자신의 육체와 넋을 아낌없이 쏟아붓는 행위는
결코 공연한 헛수고가 아니다.
무엇과도 바꿀 수 없는 영예가 영원히 남아 있게 되고,
빼앗길 리도 없는 우리들의 생생한 추억은
생애의 반려자가 되는 것이다.
우리의 투쟁이 고통스럽고 위험한 것일수록
그 대가는 풍요롭고 아름다운 것이다"

– 『알프스의 3대 북벽』, 안데를 헤크마이어

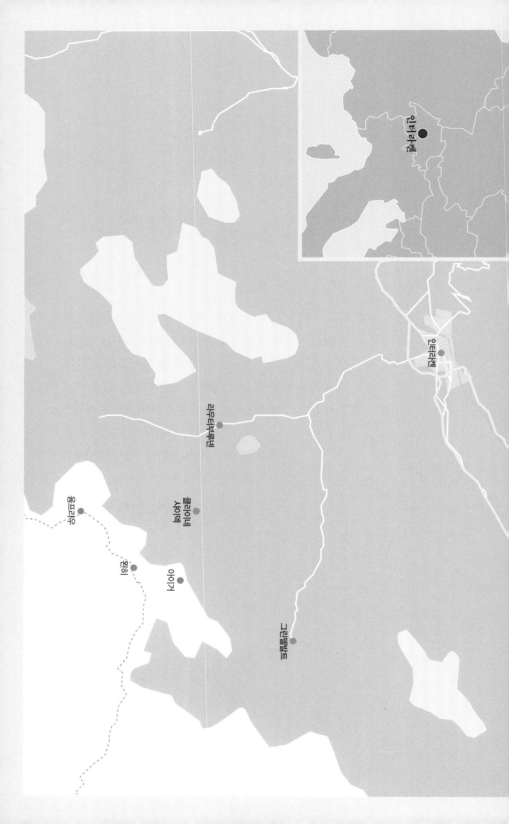

융프라우요흐,
최고(最高)를 향한 처절한 도전

브리엔츠Brienz 호수와 튠Thun 호수 사이에 있는 인터라켄은 알프스 품 안으로 들어가기 위한 베이스 캠프가 되는 작은 도시다. 이곳에서 출발하는 산악열차는 3,435m에 위치한 유럽에서 가장 높은 기차역인 융프라우요흐Jungfraujoch까지 여행객을 실어 나른다. 융프라우요흐까지는 총 3번의 산악열차를 갈아타게 되며 두 번째 역인 클라이네 샤이덱Kleine Scheidegg, 2,061m에 도착하면 융프라우가 바로 눈앞에 잡힐 듯 가깝게 보인다.

산악열차 마지막 구간에서는 이곳의 또 다른 유명한 봉우리인 아이거

Eiger, 3,970m, 묀히Monch, 4,107m 속을 관통한다. 3,000m 이상의 높이를 편하게 열차로 올라간다는 것만으로 아주 특별한 경험이 된다. 네팔 히말라야에서 며칠을 걸어야만 3,600m 지점의 안나푸르나 베이스 캠프에 도착한다는 사실을 상기하면 더욱 실감이 된다. 누가 왜 숨쉬기도 힘든 높은 산에 바위를 뚫어 철로를 놓을 생각을 했을까.

천재는 주변을 바꾸고 몽상가는 세상을 바꾼다. 19세기 후반 2,000m 지점의 클라이네 샤이덱까지는 이미 철로가 깔려있었다. 이곳을 방문했던 기업가 아돌프 구에르 첼러Adolf Guyer-Zeller, 1839~1899는 한 손에 잡힐 듯한 융프라우Jungfrau, 4,158m를 보면서 그곳 정상까지 철도를 연결한다면 누구나 쉽고 편하게 산을 즐길 수 있지 않을까 상상을 한다. 일반인이었다면 그냥 생각에서 그쳤겠지만, 행동하는 몽상가였던 그는 투자자를 모아 자금을 끌어왔고 구체적인 계획을 세워 실행에 옮긴다.

1896년, 공사 시작부터 난관의 연속이었다. 고도가 3,000m에 가까워지면서 공기는 희박해져 노동자들은 고산 증세에 시달렸다. 알프스의 혹독한 날씨는 더욱 그들을 고통스럽게 했다. 부실한 안전장비와 구식 굴착 장비는 작업의 속도를 한없이 떨어뜨렸다. 이런 열악한 환경에서 인명피해는 필연적이었다. '처녀의 어깨'라는 뜻을 가진 융프라우는 쉽사리 자신의 어깨에 누군가 올라오는 것을 허락하지 않았다. 아돌프는 공사 시작 후 3년 뒤 세상을 떠났다. 다행스럽게도 그의 계획은 일관되게

∧ 융프라우요흐. 클라이네 샤이덱역을 출발한 융프라우 산악열차는
바위를 뚫고 융프라우요흐에 도착한다.

진행되었고 16년 만인 1912년 결국 철로는 3,435m 지점까지 개통되었
다. 이로써 누구나 쉽게 열차를 이용해 융프라우를 오를 수 있게 되었다.

아돌프의 상상은 이렇게 현실이 되었다. 융프라우요흐에서는 다양한
마케팅으로 전 세계 관광객을 유혹한다. 테니스 대회가 열리면 유럽에서
가장 높은 곳에서 열린 테니스 경기, 최고 음식점, 최고 화장실, 최고 기
념품 가게 등 이곳에서 진행되는 모든 행사는 유럽 최고(最高)이자 최초
의 사건이 된다.

전망대를 한 바퀴 돌다 보면 당시 노동자들의 사진, 작업 공구, 명판이 있는 구간을 지나게 된다. 철로를 건설했던 노동자들의 노고와 작업 중 희생된 분들을 기리기 위한 곳이다. 노동자 대부분은 이탈리아 출신이었다. 앞서 살펴본 고타르트 터널부터 시작해 스위스를 여행하며 만나는 대부분 터널이 이탈리아 노동자들의 피와 땀으로 만들어졌다. 열악한 환경 속에서도 자기 일에 최선을 다했던 그들의 노력을 잠시나마 생각해 볼 수 있도록 배려한 부분도 융프라우요흐를 빛나게 한다.

한국 관광객의 전망대 투어는 유럽에서 가장 높은 곳에서 맛보는 컵라면 의식으로 마무리된다. 누구나 하나같이 이곳에서 맛본 컵라면이 인생 최고의 맛이었다며 엄지손가락을 치켜세운다. 융프라우요흐에 깃들어 있는 철도를 건설하기 위해 고군분투했던 인간의 의지와 힘들게 올라간 관광객들의 노고가 조화되어 라면의 맛은 더욱 깊고 풍성해진다.

아이거 북벽,
최초를 향한 숭고한 도전

융프라우요흐를 오르기 바로 전역인 클라이네 샤이덱에
서는 아이거, 묀히, 융프라우가 형제처럼 어깨를 나란히 한 모습을 아주
가까이서 볼 수 있다. 이 중 아이거는 그 웅장하고 위협적인 모습을 뽐내
며 유독 관광객의 눈을 사로잡는다. 20세기 들어 이곳에서 인류 역사상
위대한 두 개의 도전이 동시에 진행되고 있었다. 한쪽에서는 3,000m가
넘는 지점까지 융프라우 철도를 놓기 위해 이탈리아 노동자들이 고군분
투 중이었고, 다른 쪽은 아이거 북쪽 사면의 깎아지는 직벽을 올라 정상
에 서기 위한 등반가들의 사투였다. 두 도전 모두 많은 희생자를 냈지만
결국은 성공했다. 한 가지 차이점이라면 아이거 북벽은 현재도 많은 등

∧ 아이거 북벽. 밑동에서 정상까지 1,800m의 깎아지는 직벽으로 된 세상에서 가장 긴 벽이다.

반가가 찾아와 목숨을 걸고 새로운 루트를 개척하기 위한 도전이 진행 중이라는 점이다.

19세기 들어와 유럽은 지구를 없애 버릴 수 있을 정도의 가공할 만한 힘을 얻자 자연을 새로운 정복의 대상으로 보았다. 그들은 신의 영역이라 생각했던 알프스 고봉들을 하나둘씩 정복해 나갔다. 결국, 1865년 마터호른을 끝으로 알프스 전인미답의 봉우리 정복 사업이 완료되었다.

20세기가 밝아오자 히말라야 8,000m급 봉우리 정복이 유럽의 새로운 관심사로 떠올랐다. 새로운 봉우리가 정복될 때마다 신문에 대서특필되어 새로운 해외 식민지 확장과 더불어 대중의 뜨거운 관심을 받았다.

이때 등반을 정치에 이용하려는 세력이 나타났다. 독일 나치는 1936년 베를린 올림픽의 개최권을 따냈지만, 세계의 여론은 냉랭했다. 유럽을 전쟁으로 위협하고, 유대인과 유색인종의 인권을 유린하는 나치 올림픽에 불참하자는 목소리가 커졌다. 대안으로 바르셀로나에서 인민 올림픽을 개최하자는 분위기가 들끓어 올랐다. 나치는 독일 올림픽을 홍보하기 위해 아이거 북벽 등반 프로젝트를 기획한다. 아이거 봉우리의 북쪽 사면을 통한 정상 등정은 그때까지 그 어떤 등반가도 성공하지 못해 미지의 영역으로 남아 있었다. 만일 성공한다면 국위 선양과 함께 올림픽 홍보도 자연스럽게 할 수 있는 절호의 기회가 될 터였다.

아이거 북벽은 항상 그늘져 있고 예고 없는 돌풍과 벼락으로 모든 것을 날려버린다. 오후 아주 잠깐 정상 부분에 햇볕이 들 때 녹은 얼음이 총알처럼 빠른 속도로 떨어지는 곳이 북벽이다. 북벽은 벽 밑동에서 정상까지의 거리가 무려 1,800m나 되는 세상에서 가장 길고 위험하며 고독한 등반코스이다. 이 모든 위험을 이겨내야만 북벽의 정상에 설 수 있는 것이다.

북벽의 등반을 위해서는 목숨을 걸어야 했지만, 많은 등반가의 모험심을 자극하기도 했다. 성공만 한다면 부와 명예는 따놓은 당상이었기 때문이다. 1936년 시도된 독일 등반대의 등정은 실패했고 인명피해까지 발생해 프로젝트는 완전히 실패로 끝났다. 그해 스페인에서 프랑코 장군이 내전을 일으켜 바르셀로나의 인민 올림픽은 개최되지 못했다. 베를린 올림픽은 보이콧보다는 역대 가장 많은 나라가 참가하여 기량을 겨뤘다. 우리에게는 마라톤에서 금메달을 딴 손기정 선수가 부상으로 받은 월계수 화분으로 가슴에 달고 있던 일장기를 가리고자 노력했던 가슴 아픈 올림픽으로 기록되었다.

아이거 북벽은 2년 뒤인 1938년, 독일-오스트리아 등반대에 의해 결국 등정 되었다. 클라이네 샤이덱역에서 바라본 아이거 북벽은 여전히 그늘져 있고 음습해 보인다. 이곳에서 희생된 많은 등반가를 생각하면 자연 앞에 인간의 왜소함을 느낀다. 거대한 아이거 북벽 앞에 서보는 것만으로 인간의 겸손을 생각해볼 수 있다는 것은, 알프스가 주는 또 다른 매력이기도 하다.

제네바, 관용의 길

"한 사람의 생명을 소중히 생각하는 도덕심과
저 많은 불행한 부상자의 고통을 조금이라도 줄이고자 하는
인간의 희망이 용기를 북돋아 줬습니다"

– 『솔페리노의 회상』, 앙리 뒤낭

제네바 호수,
영감의 원천

　　알프스 품에서 나와 서쪽으로 이동하면 이제 프랑스 국경 근처에 다다른다. 이곳에 서유럽에서 가장 큰 초승달 모양의 제네바 호수가 있다. 제네바 호수는 프랑스와 스위스의 자연적인 국경선 역할을 한다. 면적만 자그마치 $583km^2$로 이는 서울의 면적보다 조금 작은 수준이다. 이 아름다운 제네바 호수는 론Rhône강이 되어 서남쪽 프랑스 쪽을 흘러 지중해로 빠져나간다.

　　리기산이 알프스 영봉의 조망 장소로 많은 사람에게 영감을 주었다면, 제네바 호수 또한 알프스 만년설이 녹아 만들어낸 평화롭고 서정적인 분위기와 아득히 보이는 몽블랑의 절경으로 많은 문인과 예술가를 끌어들였다.

　1816년은 특별한 해였다. 유독 그해 여름에 기상 상태가 좋지 않아 비가 많이 내려 춥고 음산했다. 그때 이곳을 찾은 젊은 네 명의 문인이 있었다. 시인 바이런 경, 의사 존 폴리도리, 메리셸리 부부가 이곳 제네바 호수 근처에서 머물며 기억에 남을 만한 휴가를 보냈다. 비 때문에 실내에서 자주 모임을 하게 되었는데 문인들답게 그들은 서로 돌아가며 자신이 만든 공포 이야기를 들려주곤 했다. 당시 가장 어렸던 메리 셸리는 이때의 경험을 바탕으로 세계 최초의 SF 소설인 『프랑켄슈타인』을 썼다.

　프랑켄슈타인 박사가 우연히 창조한 괴이한 모습의 생명체는 연이은 살인을 통해 세상을 두렵게 만든다. 하지만 그 생명체도 처음부터 악마는 아니었다. 사회는 자신들과 다르게 생긴 그의 외면만을 보고 괴물로 배척했고, 그의 순수한 마음은 점점 악마에게 점령당하고 만다. 소설은 인간 내면에 대한 탐구뿐만 아니라 우리와 다른 존재를 어떻게 대면해야 할 것인지에 대한 철학적인 문제의식을 담고 있다. 그녀의 나이 18세에 이 소설을 썼다는 것이 놀라울 정도다. 알프스의 웅대한 자연 속에 있었기 때문에 가능하지 않았을까.

　배우 찰리 채플린은 말년을 제네바 호수와 함께 보냈고 탐스러운 포도밭으로 유명한 브베에서 사망했다. 2018년 우리나라에서 영화 〈보헤미안 랩소디〉로 다시 한번 주목받게 된 록 그룹 퀸의 리드 싱어 프레디 머큐리도 호수 서편에 있는 국제 재즈 페스티벌로 유명한 몽트뢰에 머물며 불후의 명곡을 남겼다.

인간은 결국 자연을 이루는 한 부분이다. 자연과 함께 조화롭게 하나 될 때만이 자연이 온갖 생명을 만들어내듯 인간도 새롭게 창조할 수 있다.

∨ 제네바 호수. 서유럽에서 가장 큰 호수로 여름철에는 145m의 제트 분수가 뿜어져 나온다.

종교개혁,
저항의 횃불을 들다

제네바 호수를 둘러싼 도시 중 단연 가장 크고 유명한 도시는 제네바이다. 이 지역의 역사는 고대 로마 시대까지 거슬러 올라간다. 스위스인의 조상으로 알려진 '헬베티이Helvetii 족'이 로마의 속주를 자주 침략해왔다. 이에 기원전 121년 로마군은 오늘날의 제네바 자리에 '게나바Genava'라는 방어 진지를 만들면서 제네바의 역사는 시작된다.

카이사르는 『갈리아 원정기』에서 "헬베티이족은 라인강 건너편의 게르만족과 생존을 위해서 싸워왔기 때문에 켈트족에서 가장 용감하다"라고 기록했다. 고대부터 스위스인들의 용맹은 대단했던 모양이다. 이런 제네바가 유명해진 것은 16세기 북유럽의 종교개혁에 가장 큰 영향을 끼쳤던 칼뱅Jean Calvin, 1509~1564 때문이다.

16세기 종교개혁을 말할 때 독일에 루터Martin Luther, 1483~1546가 있었다면, 스위스에는 그와 동시대에 태어나 종교개혁을 이끌었던 츠빙글리Ulrich Zwingli, 1484~1531가 있었다. 오직 성경을 진리라고 믿었던 츠빙글리는 면죄부 판매와 아전인수격으로 성경을 해석하는 교황청에 반기를 들고 전반적인 가톨릭 내부 개혁을 호소했다.

처음 스위스 사람들은 츠빙글리의 개혁적인 운동에 적극적으로 동참했다. 하지만 츠빙글리가 해외 용병과 숙박업을 반대하자 알프스 산악지방 칸톤 주민들은 그에게서 등을 돌렸다. 척박한 알프스 산악지방에 사는 사람들이 할 수 있는 일이라고는 해외로 용병을 나가거나 알프스를 넘는 순례객을 대상으로 음식을 팔고 숙박을 제공하는 것 말고는 없었기 때문이다. 반면, 평야 지대 상공업이 발달한 도시들은 츠빙글리를 지지했다. 이렇게 스위스는 종교적인 교리뿐만 아니라, 먹고사는 문제로도 산악지방의 가톨릭과 도시 지역의 개신교로 분열되었다. 츠빙글리는 1531년 취리히 근처의 카펠Kappel에서 가톨릭 군과의 전투 중 사망한다. 이후 등장한 칼뱅은 츠빙글리를 이어 종교개혁에 박차를 가한다.

프랑스 출신의 신학자 칼뱅은 개신교의 탄압이 심했던 프랑스를 떠나

∧ 생피에르 성당. 『기독교 강요』를 저술하여 신학을 집대성한 칼뱅은
   이곳에서 주로 목회 활동을 했다.

스트라스부르로 가는 길에 우연히 하룻밤 제네바에 머물게 된다. 그곳에서 종교개혁을 이끌던 파렐Guillaume Farel, 1489~1565과의 짧은 만남이 그의 인생을 송두리째 바꿔버린다. 이 사건으로 칼뱅은 제네바 개신교를 이끌게 되었으나 점차 그가 강요하는 청교도적인 교리에 질려버린 시민들은 그를 추방한다. 종교 지도자가 사라지자 도시에는 가톨릭 세력이 기승을 부리고 주변 도시와의 전운까지 감도는 혼란의 상황이 계속된다. 제네바는 혼란을 수습할 요량으로 다시 칼뱅에게 제네바의 개신교를 이끌어주기를 간청했다.

칼뱅은 1541년부터 제네바를 개신교의 총 본산으로 변화시켰다. 또한, 빈민을 위한 복지사업 발전시키고 대학 설립을 통해 인재를 육성했다. 근면 성실의 강조는 상공업의 발달로 이어져 근대 자본주의 발전에 영향을 끼치기도 했다.

칼뱅의 사상은 프랑스 개신교도였던 위그노와 영국의 개신교도였던 청교도에게 영향을 끼쳤다. 청교도는 다시 대서양을 건너 아메리카 대륙에 그 정신을 이식했다. 오늘날 개신교의 대부분을 차지하는 개혁교회와 장로교는 칼뱅의 영향력이 어느 정도인지 여실히 보여준다.

19세기, 스위스는 개신교와 가톨릭의 갈등이 폭발하여 다시 분열될 위기에 몰린다. 산악지역 가톨릭을 믿는 7개 칸톤이 스위스 연방에서 탈퇴를 결정한 것이다. 이는 스위스가 예전처럼 쪼개져 다시 별 볼 일 없는 유럽 시골 동네로 돌아감을 의미했다. 이에 스위스 동맹군은 제네바 출신 앙리 뒤푸르 장군Henri Dufour, 1787~1875을 현장에 긴급 투입했다. 뒤푸르는 뛰어난 기지와 관용정신을 발휘해 커다란 인명피해 없이 전쟁을 승리로 이끌었다. 이로써 개신교와 가톨릭이 재화합할 교두보가 마련되었다. 1848년, 마침내 베른에 연방의회를 설립하면서 미합중국을 모델로 한 오늘날의 근대적인 스위스 연방공화국이 탄생했다.

스위스에서 가장 높은 산은 몬테로사Monte Rosa이며, 최고봉 이름이 뒤푸르Dufour, 4,634m이다. 스위스의 최고봉에 뒤푸르 장군의 이름을 붙였다는 것은 오늘날의 스위스 연방이 탄생하는데 그의 역할이 얼마나 중요했는지를 보여준다.

제네바는 한때 가톨릭과 개신교의 분열로 내전에 휩싸일뻔한 아찔한 상황을 겪었다. 하지만 소통과 관용의 정신을 발휘하여 갈등을 봉합하고 세계에서 가장 잘 사는 도시가 되었다. 나와 생각이 다른 타인과의 관계를 잘 조화시켰을 때 얼마나 크게 성장할 수 있는지를 생각해보게 되는 도시이기도 하다.

꽃 시계,
자유와 혁신의 또 다른 이름

제네바 명물 몽블랑 다리를 건너면 '영국 정원'에 도착한다. 꽃으로 가득한 이 공원에 여행객들이 꼭 사진을 찍는 장소가 있다. 수천 개의 꽃으로 장식된 세상에서 가장 큰 시계가 있기 때문이다. 이 시계는 계절마다 피는 꽃 약 4천 송이로 장식되어 항상 새로운 모습을 보여준다.

1955년 설치된 이 꽃 시계는 제네바에서 시작된 시계 산업의 상징이기도 하다. 16세기 중반 제네바에서 시작된 종교개혁 바람은 프랑스를 강타했고 특히 중남부에서 그 영향력이 강했다. 1572년 8월 24일 '성 바르톨로메오 축일'에 맞춰 프랑스 전역에서 개신교도인 위그노를 학살하는 사건이 벌어졌다. 사상자만 3만 명에 달했다고 하니 이는 종교의 이름으로 자행된 최악의 학살이었다.

계속되던 가톨릭과 개신교 간 종교갈등은 새로 왕이 된 앙리 4세가 '낭트칙령'을 선포하면서 일단락되었다. 하지만 100년 뒤 강력한 중앙집권 체제로 무소불위의 권력을 휘두른 루이 14세는 '낭트칙령'을 폐기하고 다시 위그노를 억압했다. 반복되는 정치적 불안에 질려버린 위그노가 자유를 찾아 제네바로 대거 망명했다.

제네바는 이탈리아와 프랑스에서 박해를 받고 있던 수만 명의 개신교도를 차별 없이 끌어안았다. 망명자 대부분이 기술자와 은행가였고 그들로 인해 제네바 산업구조는 순식간에 업그레이드되었다.

로마제국은 타민족에 대한 관용이 사라지자 멸망했다. 중세 유럽 해가 지지 않는 제국이었던 스페인도 사회의 중추적 역할을 하던 유대인과 아랍인을 추방하자 다시 유럽 변방의 볼품없는 일개 왕국으로 전락했다. 프랑스는 자신들이 억압했던 위그노가 사회를 이끌던 컨트롤 타워였다는 사실을 간과한다. 국가의 핵심 인력이 사라지자 그 자리에는 오직 왕의 명령만 기계같이 수행하는 생각 없는 바보들만 남게 되었다. 프랑스 대혁명의 씨앗은 이때부터 뿌려지고 있었는지도 모르겠다.

∧ 꽃 시계. 계절마다 다양한 꽃으로 장식되는 이 시계는 자유, 관용, 혁신의 의미를 내포한다.
난민들은 제네바와 쥐라산맥 골짜기에 공방을 만들고 시계의 기술력을 세계에 알렸다.

제네바로 망명 온 장인이 만든 시계는 유럽 최고의 품질로 인정받기
시작한다. 스위스 시계 산업은 이렇게 외부에서 인재를 적극적으로 영입
하고, 기술이 우대받는 사회 분위기 속에서 빠르게 성장한다. 시계 산업
은 혁신에 혁신을 거듭하여 새로운 모델이 나올 때마다 '세계 최초'라는
타이틀이 붙었다. 최초의 손목 시계, 방수 시계, 전지로 작동하는 시계가
계속 출시되었다. 20세기 한때 일본이 가볍고 저렴한 전자시계로 스위
스의 명성을 위협할 때도 있었다. 스위스는 젊은이들의 취향에 맞는 다
양한 색상의 가벼운 플라스틱을 사용한 중저가 브랜드 스와치로 맞섰다.
다시 시계의 본고장은 스위스라는 공식이 만들어졌고 여전히 타의 추종

을 불허한다.

영국 정원의 꽃 시계는 단순히 크고 아름다운 시계 이상의 의미가 있다. 그것은 자유분방함과 관용정신, 장인을 우대하는 사회 문화, 지속적인 혁신을 향한 도전의 아이콘인 것이다. 우리와 다른 낯선 이들에게 담을 쌓고 멀리할 것인지, 아니면 관용을 베풀고 함께 더 나은 삶을 모색할 것인지 제네바는 자신만의 해결책을 제시한다.

적십자,
전쟁에서 피어난 인도주의의 붉은 꽃

제네바는 흡사 인종의 모자이크 같은 곳이다. 거리에서 만나는 다양한 국적의 사람들은 이곳이 국제도시임을 실감케 한다. 이곳에는 유엔기구 37개, 기타 비정부 기구 250개 등 다양한 국제기구가 자리 잡고 있다. 국제기구에서 일하는 주재원들만 한자리에 모여도 국제도시가 되는 것은 시간문제이다.

유럽에서도 유독 제네바에 국제기구가 많이 보이는 이유가 무엇일까. 이 이유를 알기 위해서는 1860년대를 살았던 제네바 출신의 한 청년을 주목해 볼 필요가 있다. 그의 이름은 앙리 뒤낭Jean-Henri Dunant, 1828~1910

이었다.

　1859년 6월, 제네바 출신 청년 사업가 앙리는 자신의 사업이 생각대로 풀리지 않자 이탈리아 북부로 나폴레옹 3세를 만나러 갈 정도로 적극적인 젊은이였다. 그는 프랑스 식민지였던 알제리에서 제분 회사를 운영하고 있었다. 밀 생산을 위한 토지이용권이 필요했으나 당국의 허가가 나질 않았다. 이를 해결하려면 이탈리아 북부 전선에 원정 중인 나폴레옹 3세를 직접 만나야 했다.

　1859년 6월 24일, 앙리가 이탈리아 북부 솔페리노Solferino 지역을 우연히 지날 때는 이미 치열했던 전투가 막 끝난 상황이었다. 양측 군대를 합해 총 30만 병력이 20km 전선에서 15시간 동안 총력전을 벌였던 19세기 들어 가장 큰 전투였다. 다음날 전장에 적군, 아군 할 것 없이 여기저기 방치된 4만 명 이상의 부상병이 치료받지 못하고 처참하게 죽어가는 모습을 보고 앙리는 엄청난 충격을 받았다. 그는 "누구든지 전날의 치열한 전투가 있었던 저 광대한 전쟁터를 돌아본 사람이라면 그 대혼돈 속에서 형언할 수 없는 절망과 비극을 목격했을 것이다"라며 당시를 회상한다.

　대다수 부상병은 인근 마을 카스틸리오네로 옮겨졌다. 부상병이 밀려들어 오자 앙리는 효과적인 구호 활동을 위해 부녀자들의 도움을 받아

∧ 솔페리노 전투. 19세기 가장 치열했던 전투로 4만 명 이상의 사상자가 나왔다.

자원봉사대를 결성했다. 그는 가장 도움이 필요한 장소를 찾아 그곳의 한 교회에서 역사적인 첫 구호활동을 시작한다. 롬바르디아 출신의 부녀 자들은 "모든 사람은 형제다Tutti fratelli"라고 외치며 적군, 아군을 가리지 않고 최선을 다해 간호했다. 근처를 지나는 여행자나 군인도 자기 일처럼 구호 활동에 적극적으로 동참했다. 구호물자가 부족해지자 앙리는 사비를 털어 인근 브레시아에서 생필품을 사 오는 등 부상병들의 위생 개선을 위해 적극적으로 노력했다. 풀 한 포기 나지 않을 것 같은 사막에도 생명은 움트듯 피 튀기는 치열한 전장에서도 휴머니즘의 꽃은 피어났다. 서로 한 번도 만난 적 없었던 생면부지의 사람들이 위기의 상황이 닥치

자 본능적으로 서로 돕기 시작한 것이다.

제네바로 돌아온 앙리는 전쟁의 참상이 뇌리에 떠올라 잠을 이룰 수 없었다. 그의 장점 중 하나는 늘 중요 사안을 기록으로 남겨놓는 것이었다. 그는 솔페리노 전투의 참상을 책으로 출간하여 많은 사람에게 전쟁의 경각심을 일깨우기로 마음먹는다. 3년 후 마침내 르포 형식의 『솔페리노의 회상』이 세상에 나왔다. 책의 마지막 장에는 '자격을 갖춘 자원봉사자로 구성된 상설 구호기구의 필요성, 자원봉사자와 부상병의 안전을 위해 국제 협약을 통한 중립지위 획득'과 같은 혁신적인 제안이 담겼다. 앙리는 자신의 책을 전 유럽의 왕실 및 유력인사에 보냈다. 그의 책은 전쟁 참상에 대한 경종을 울렸고 각국에 폭넓은 지지를 얻었다.

1863년 2월 5일은 인류 역사에 아주 중요한 날이다. 바로 이날 '국제 적십자위원회'의 전신인 뒤푸르 장군을 총재로 한 '5인 위원회'가 만들어졌기 때문이다. 위원회는 '부상자 구호를 위한 국제 상설위원회'를 설립했다. 인도주의를 목적으로 한 최초의 국제기구였다. 이듬해인 1864년 국제회의에 참석한 12개국이 제1차 제네바 협약에 서명함으로써 마침내 앙리의 제안은 결실을 맺었다. 이 국제기구는 1876년에 '국제 적십자 위원회'로 이름이 변경되어 현재까지 인도주의 구호 활동을 펼치고 있다.

제네바 협약은 계속 업데이트되어 지상의 부상자뿐만 아니라 해상, 포로, 민간인에까지 인도적 구호 범위가 더욱더 확대되었다. 앙리의 초기 아이디어는 실현 불가능한 것으로 여겨져 주위의 강한 만류와 반대가 있었다. 하지만 그는 행동했고 결국 상상을 현실로 만들었다. 앙리는 말년에 전쟁 자체를 억제하기 위한 캠페인을 주도했다. 사람의 목숨을 위협하는 근본적인 원인을 없애자는 좀 더 고차원적인 접근법이었다. 그 공로를 인정받아 1901년 세계 최초 노벨 평화상 수상자가 되었다.

그의 개인적인 삶은 불행했다. 알제리 사업은 파산했고 그 때문에 자신이 만들었던 국제기구에서 제명당하기도 했다. 그 후 제네바를 떠나 외국을 전전했고 그의 이름은 사람들의 뇌리에서 잊혀졌다. 한 기자의 도움으로 말년에 그의 공로가 다시 주목받기는 했지만, 결국 그는 정신착란증과 우울증으로 고통받다가 스위스의 한 양로원에서 생을 마감했다.

인류를 향한 그의 사랑은 국제적십자위원회로 구체화 되어 현재까지 많은 사람의 목숨을 구했고, 전 세계에 항구적인 평화와 행복을 가져다주고 있다. 중립적이고 자유로우며 앙리의 인도주의적 정신이 흘러넘치는 제네바에 국제기구들이 서로 들어오고 싶어 하는 것은 어찌 보면 당연한 일이다.

여덟 번째 길

베르사유, 문화의 길

"창조력이란
언제나 그것을 성취시키는 사람에게만 국한되는 법,
상속되는 것은 왕관 그 자체일 뿐,
왕관이 지녔던 권력이나 권위는 상속되지 않는다"

–『마리 앙투아네트 베르사유의 장미』, 슈테판 츠바이크

그랑 트리아농 성
프티 트리아농
정원
베르사유 궁전

베르사유

문화의 벽지에서
유럽의 중심지로

　　　　프랑스 문화 전성기를 대표적으로 보여주는 곳이 파리에서 17km 떨어진 베르사유 궁전이다. 이곳에 입장하기 위해서는 어느 정도 고생을 감내해야 한다. 사시사철 끊임없이 찾아오는 관광객으로 인해 보통 1시간 이상의 긴 줄을 서야 하기 때문이다. 특히 여름이나 겨울에 방문한다면 그 불편함은 더욱 가중된다. 그런 상황에서도 꿋꿋이 줄 서 있는 관광객을 보면 문화의 힘이 얼마나 중요하고 대단한지를 깨닫는다.

　　문화와 예술이 발달한 유럽의 도시들을 보면 경제 성장과 비례하여 문화도 비약적으로 발전했다. 산업과 무역업으로 부를 쌓은 피렌체, 베

∧ 베르사유 궁전. 17세기 바로크 시대를 대표하는 프랑스 루이 14세의 절대권력을 보여주는
　상징과도 같은 건축물이다.

네치아뿐만 아니라 콜럼버스 대항해 성공으로 천문학적인 부를 쌓은 스페인에 세비야도 16세기 이후 괄목할 만한 문화 성장을 이뤘다.

　15세기 프랑스는 르네상스가 시작된 이탈리아에 비해 문화적으로 상당히 뒤처져 있었다. 이탈리아에서 이미 포크로 음식을 먹기 시작했을 때 프랑스에서는 여전히 손과 공용 나이프를 사용했다. 궁중의 문화나 예절 또한 중세시대의 투박함과 단순함을 벗어나지 못했다.

　문화를 사랑했던 왕인 프랑수아 1세François, 재위 1515~1547는 르네상스 시대의 거장 레오나르도를 적극적으로 후원하여 프랑스에 머물게 함으로써 르네상스 문화를 도입했다. 또한, 당대 유럽에서 가장 문화적으로 앞섰던 메디치가의 카트린느 데 메디시스Catherine de Médicis, 1519~1589를 며느리로 맞아들이면서 문화 대국으로 성장하는 초석을 놓았다.

사람은 하나의 세계다. 그녀가 프랑스 왕실에 들어섰을 때 르네상스 세계가 함께 도착했다. 이때부터 유럽에서 가장 앞서갔던 메디치가의 선진화된 문화가 프랑스 궁정에 이식된다. 미식 문화가 발전하면서 음식의 조리법도 다양해졌다. 세련된 궁중 예절이 소개되어 프랑스 왕실에 권위와 품격을 부여했다. 기원전 2세기 로마가 그리스를 침략했을 때 그들의 선진화된 문화에 매료되어 적극적으로 수입했듯 프랑스도 그와 같았다.

이렇게 이식된 르네상스라는 씨앗에서 루이 14세 시기에 이르자 바로크라는 꽃이 만개했다. 프랑스에서의 바로크 시대는 신으로부터 부여받은 왕권의 위엄을 더욱 부각하는 문화로 발전했다. 베르사유 궁전은 이러한 절대왕권의 위엄이 건축물로 현현한 대표적 사례이다.

프랑스 지방 귀족들은 강력한 왕이 드리운 커다란 우산 아래 모여 전쟁이라는 소낙비를 피했다. 이들을 위해 베르사유 궁에서 매일 음악회, 연극, 발레 공연이 펼쳐졌다. 왕실에서는 적극적으로 이러한 예술을 후원했다. 일거리를 찾아 전 유럽의 예술가들이 베르사유를 찾았고 자연스럽게 이탈리아를 뛰어넘는 유럽의 새로운 문화와 예술의 중심지가 된다. 귀족들은 향락에 빠져 헤어나오지 못했다. 왕에 대한 비판 정신은 거세되었고 마치 야성을 잃은 짐승처럼 왕에게 끌려다니는 운명으로 전락했다.

17세기, 영국에서 시작된 그랜드 투어에서 파리와 베르사유는 영국 귀족 자제들이 들러야 할 필수 코스가 되었다. 이곳에서 그들은 르네상스 궁중 예법, 바로크 예술, 사교술, 프랑스어를 배웠다. 그런 다음 고전을 배우기 위해 로마로 향했다. 베르사유는 유럽에 새로운 문화 이정표를 제시하는 선두주자가 되었다.

군사적으로 강국은 전 세계에 많다. 하지만 문화의 힘까지 갖추고 있는 나라는 손에 꼽힐 정도로 적다. 2020년 오스카 시상식에서 감독상을 받은 봉준호 감독은 "가장 개인적인 것이 가장 창의적이다"라며 수상 소감을 밝혔다. 전 세계 사람들을 베르사유로 끌어들이는 가장 중요한 요인은 이렇듯 그들이 오랜 시간 자신들만의 방법으로 갈고 다듬어 온 지독히도 개인적인 것에서 뿜어져 나오는 창조라는 아우라였다.

명품,
베르사유의 꽃

　　파리는 명품의 도시다. 장거리 마차 여행을 위한 튼튼한 여행용 트렁크와 최고급 마구 용품 판매로 시작된 19세기의 고전 명품인 루이뷔통, 에르메스를 시작으로 20세기 여권 신장과 함께 여성들을 답답한 중세의 복장에서 벗어나게 해준 샤넬과 같은 매장 앞은 비싼 가격에도 불구하고 늘 관광객으로 장사진을 이룬다. 그밖에 쇼메, 불가리, 장 폴 고티에, 카르티에 등 여전히 많은 명품은 전 세계의 사람들을 유혹한다. 오로지 명품 쇼핑을 위해서만 파리를 찾는 관광객도 많다. 이러한 명품이 유독 파리에 많이 몰려있는 이유가 뭘까.

15세기 중반, 영국과 프랑스의 백년 전쟁이 끝난 후 무기 체계의 큰 변화가 있었다. 기존의 활과 창이 아닌 대포와 총을 사용하면서 전쟁의 양상은 급격히 변했다. 이러한 대규모 물자와 병력을 운영하고 유지하기 위한 막대한 자금은 필연적이었다. 오직 왕만이 자금을 감당할 수 있었고 군소 귀족들은 감당할 수 없었다. 귀족들은 일정 부분의 자유를 제약당하더라도 강한 힘을 가진 왕 주변에 있는 편을 택했다. 그것만이 급변하는 국제 정세에서 그들이 살아남을 수 있는 유일한 방법이었다. 한때는 끝도 보이지도 않았던 자신들을 돋보이게 했던 영지와 자체 군대를 왕에게 맡기고 베르사유 궁 주변으로 모였다.

˅ 샹젤리제 거리. '낙원의 뜰'이란 의미를 가진 이 거리는 콩코드 광장에서 에투알 개선문까지
  2km 직선 도로로 연결된다.

귀족으로서, 무소불위의 권력을 행사하는 루이 14세의 눈에 띄는 것은 출세와 정치생명을 연장하기 위해 정말 중요한 문제였다. 그들은 유럽 최고의 장인이 제작한 옷, 구두, 벨트와 같은 소품을 이용하여 자신을 차별화했다. 귀족들 사이에 서로 돋보이기 위한 경쟁이 치열해지면서 그들의 욕구를 충족시켜 줄 유럽 내 최고 기술을 가진 장인들의 수요가 꾸준히 증가했다.

중세의 유럽에서 장인은 그냥 만들어지지 않았다. 우선 해당 분야의 스승 밑에서 7년간 힘든 도제 생활을 거쳐야 했다. 이후 자신이 갈고 닦은 작품을 가지고 치열한 경연 무대에 올라 우승해야지만 비로소 장인이라는 타이틀을 거머쥘 수 있었다. 그 장인이 만든 제품을 사람들은 '명품'이라고 했다. 유럽의 왕실과 귀족은 손기술이 유독 뛰어났던 피렌체, 나폴리, 밀라노 출신 장인이 만든 명품을 선호했다. 수요의 증가는 유럽의 많은 장인이 프랑스에서 활동하도록 이끌었다.

특권층의 전유물이었던 명품의 소비는 프랑스 대혁명을 거치면서 양상이 크게 바뀌었다. 프랑스 대혁명으로 왕실이나 귀족에게 명품을 공급하던 많은 장인이 일자리를 잃었다. 이들은 파리에 개인 공방을 열고 일반인을 상대로 장사하기 시작했다. 누구나 돈만 있으면 왕과 귀족이 사용하던 제품을 쉽게 구매할 수 있는 명품의 대중화 시대가 열린 것이다.

나침반, 항해술, 화약, 대포 등 과학과 기술이 발전하면서 땅에 얽매이지 않고도 상업과 무역으로 부를 축적해나간 계층이 생겨났다. 그들을 성안에 사는 사람이란 뜻의 '부르주아지bourgeoisie'라고 불렀다. 그들은 경제력을 바탕으로 왕과 협상하여 도시 차치를 얻어낼 정도로 명민했다. 그 때문에 도시에는 늘 자유의 공기가 흘러넘쳤다. 자유로운 분위기는 전에 없던 위험한 생각을 품게 했다. 시민들은 타고난 출신과 관계없이 귀족의 취미와 문화를 따라 하면서 귀족처럼 높은 품격을 지닐 수 있다고 생각했다. 이로써 프랑스 대혁명 후 장인의 명품을 선호하는 계층에 부르주아지가 추가되어 파리에서 명품 붐이 일기 시작했다.

오늘날 많은 명품 매장과 고급 음식점이 샹젤리제의 푸른 가로수길을 따라 길게 늘어서 있다. 장인이 한땀 한땀 작품에 수십 년을 투자하던 시대는 기계에 그 역할을 넘겨주었지만, 그들의 열정은 매력적인 서사로 각색되어 사람들을 열광시킨다. 여전히 자신을 남과 차별화하기를 열망하고 독특한 구매 경험을 원하는 21세기 부르주아지들은 베르사유의 꽃을 갖기 위해 오늘도 매장 앞에 줄을 선다.

거울의 방,
역사는 다시 반복된다

20세기가 막 시작될 무렵 대한제국의 심장부였던 중명전에서는 향후 운명을 결정지을 중요한 조약이 체결된다. 을사늑약이라는 역사에 기록된 이 일본과의 불평등 조약으로 대한제국은 자주권을 잃게 되고 일본은 한반도를 디딤돌 삼아 대륙으로 진출한다.

을사늑약이 체결되기 30년 전 프랑스에서도 비슷한 역사는 반복되었다. 오늘날 베르사유 궁에서 가장 크고 화려한 장식으로 관광객의 사랑을 한 몸에 받는 곳은 거울의 방이다. 프랑스 절대왕정의 상징과도 같았던 이곳에서 1871년 체결된 프랑스-프로이센 간의 휴전협정으로 프랑스는 프로이센에 사실상 정치·경제적으로 종속되는 굴욕을 겪었다. 반면, 프로이센은 거울의 방에서 독일 제국을 선포하며 유럽의 최강자로 부상했다. 인간으로서는 절대로 가늠조차 할 수 없는 운명이라는 씨줄과 날줄이 아이러니한 역사를 직조하기를 반복했다. 만약 대한제국이 거울의 방에서 벌어졌던 사건의 전말을 파악하고 교훈을 얻었다면 외세의 개입 없이 자신의 운명을 결정짓는 자리에 조금 더 가까이 갈 수 있었을까.

프랑스 제2 제정을 열었던 나폴레옹 3세는 자신의 숙부 나폴레옹 1세처럼 무던히도 전쟁을 일으켰던 황제로 유명하다. 결과를 놓고 보면 그는 로마제국 멸망 이후 유럽에서 가장 오랫동안 여러 도시국가로 분열되어 있었던 독일과 이탈리아가 통일되는데 직간접적으로 기여했다.

나폴레옹 3세가 사르데냐 왕국과 동맹을 맺고 이탈리아에서 오스트리아를 몰아내지 않았다면 이탈리아는 여전히 통일을 이루지 못하고 군소 도시로 나눠진 유럽의 변방 지역으로 남았을 공산이 크다. 이탈리아 전선에서 전력을 소진한 나폴레옹 3세는 공석이 된 스페인 왕위를 두고 프로이센과 각을 세우고 있었는데 아마추어적인 외교 전략으로 자중지란에 빠지고 말았다. 그는 노련한 프로이센의 재상 비스마르크의 계략에 빠져 프로이센과 전장에 또다시 지쳐있던 프랑스군을 투입하는 실수를 범한다. 결국, 스당Sedan 전투에서 패한 프랑스는 유럽의 왕좌에서 쓸쓸

∧ 거울의 방.
　베르사유 궁에서 가장 크고 중요한 공간으로, 주요 국가 행사나 외국 사신을 접견할 때 사용되었다.

히 내려와야만 했을 뿐만 아니라 굴욕에 찬 시선으로 새롭게 부상하는 독일 제국의 탄생을 지켜봐야만 했다.

　프랑스-프로이센 전쟁이 끝나고 다음 해인 1871년, 휴전협정이 맺어진 곳이 바로 거울의 방이었다. 독일은 하필이면 이곳을 선택한 것일까. 인간을 지배하는 가장 무서운 방법은 육체를 넘어 정신의 파괴라는 것을 독일은 알고 있었던 것 같다. 독일은 70년 전 나폴레옹 1세에 의해 예나Jena 전투에서 괴멸당했던 것을 복수라도 하듯 잔인한 웃음을 지으며 프랑스의 심장부를 철저히 짓밟아 버린 것이다. 갑자기 너무 큰 충격을 받으면 매사를 비관적으로 보는 무기력증에 빠지게 된다. 인간을 절망에 빠뜨리는 것은 내일도 오늘처럼 별 볼일 없을 것이라는 거세된 희망이다. 이때부터 프랑스 사회는 달콤한 향락만을 추구하는 분위기로 치닫는다.

역설적이게도 이러한 자포자기한 듯한 사회 분위기 속에서 프랑스인들이 동경하는 벨 에포크Belle Époque, 즉 '아름다웠던 시절'이 시작된다. 혼돈의 와중에도 문학, 회화, 음악, 조각 분야는 꾸준히 발전한 것을 보면, 그 어떤 외부의 억압도 인간이 창조하고자 하는 강렬한 의지를 꺾지는 못하는 모양이다.

제1차 세계대전이 끝나자 승전국이 된 프랑스는 50년 전의 치욕을 잊지 않고 독일을 상대로 거울의 방에서 보란 듯이 종전 선언을 했다. 그곳에서 체결된 가혹한 베르사유 조약으로 이번에는 프랑스가 독일에 엄청난 굴욕을 안겨줬다. 하지만 역사는 이렇게 해피엔딩으로 끝나지 않는다. 제2차 세계대전 중 상황은 또 바뀌게 될 것이다.

거울의 방은 과거 역사에서 적절한 교훈을 얻지 못하는 한 이곳에 설치된 357장 그 어떤 거울에서도 새로운 모습을 기대할 수 없다는 것을 상기시킨다. 중명전의 을사늑약이 이뤄진 방에서도 역시 커다란 거울을 찾아볼 수 있는 것은 결코 우연처럼 보이지 않는다.

파리, 혁명의 길

"파리는 문명의 거대한 시계추이다.
그 추는 두 극(極)을,
다시 말해 테르모퓔라이와 고모라를
번갈아 가며 건드린다"

- 『93년』, 빅토르 위고

파리

바가텔
공원

라데팡스
그랑다르슈

세강

예나 다리

에펠탑

에투알 개선문

루브르
궁

알렉상드르
3세 다리

콩코드 광장

마들렌
성당

방돔 광장

가르니에
오페라극장

카루젤
개선문

튈르리 궁
박물관

시테
섬

노트르담

몽테뉴

팡테옹

바가텔

몽마르트르 언덕

아우스터리츠
다리

프랑스 대혁명,
인간의 새로운 자각

　　파리에서 시민들의 시위 현장을 목격하는 일은 흔한 일이다. 시위가 있는 날이면 여행자로서 여간 불편한 게 아니다. 시위대의 데모와 파업으로 인해 교통체증이 심해지고 열차 편이 끊기는 경우가 왕왕 발생해 긴 시간을 버스로 이동해야 하는 상황이 오기 때문이다. 한편, 파리 시민들은 불편 속에서도 동요 없이 평소와 같이 생활한다. 우리와는 사뭇 다른 모습이다. 성질 급한 한국인에게 타인에 의해 자신의 시간이 낭비되는 상황은 상상할 수 없다. 파리 시민의 여유와 평정심은 어디서 나오는 것일까.

∧ 에투알 개선문. 12개의 주요 도로가 방사형으로 뻗어있다.
개선문 아래에는 1차 세계대전에서 산화한 무명용사를 위해 영원히 꺼지지 않는 불꽃이 타오른다.

인류 역사상 최초로 파리 시민들이 왕과 왕비를 권좌에서 끌어내려 단두대의 이슬로 사라지게 했다. 문제는 결국 빵이었다. 때 없이 극심한 가뭄에 시민들은 빵은커녕 풀떼기조차 먹을 것이 없었다. 그 와중에도 왕실의 사치는 끊이지 않았고, 북아메리카 독립전쟁에 많은 지원을 하면서 국고는 바닥났다. 왕과 귀족, 백성을 긍휼히 여겨야 할 성직자도 배고 픈 시민들을 방관하고 제 잇속만 챙겼다. 시민들은 더는 참을 수 없었다. 생각 없이 당하기만 하던 예전의 그들이 아니었다.

1789년 7월 14일, 절대왕권의 상징이자 그 육중한 외관만으로도 시민들을 압도했던 바스티유 감옥이 파리 시민들에 의해 함락되면서 향후 100년간 이어질 혁명의 불길이 타올랐다. 왕을 중심으로 돌아가던 평면의 세계에서 이제는 모든 구성원 각자가 중심이 되는 다면적인 세계가 만들어졌다. 시민들은 이제 스스로 자신의 운명을 개척하는 길을 택했다.

새로운 혁명정부 앞에는 헤쳐나가야 할 난관이 많았다. 프랑스 대혁명의 여파가 주변 왕국으로 퍼질 것을 두려워한 프로이센, 오스트리아 등 주변 국가는 구체제의 복귀를 명분 삼아 대프랑스 동맹을 맺고 파리로 진격해왔다. 1792년, 대프랑스 동맹이 프랑스 국경을 넘었다. 첫 전투에서 프랑스가 패하자 위기를 절감한 입법의회는 "조국이 위험에 빠졌습니다"라고 긴급 선언을 하며 시민들에게 조국을 위해 함께 싸울 것을 호소했다. 이제 왕의 신민이 아닌 나라의 주인이 된 전국의 젊은이들이 나라를 지키기 위해 자원해서 전쟁터로 나갔다. 용병으로 이루어진 대프랑스 동맹 군대가 자신을 나라의 주인으로 생각하는 프랑스 의용군을 이길 수는 없었다. 전국에서 「라 마르세예즈La Marseillaise」가 혁명의 상징처럼 울려 퍼졌다. 결국, 프랑스인의 하나 된 의지는 발미Valmy 전투에서 믿을 수 없는 중요한 승리를 이끌어냈고 프랑스 대혁명은 새로운 국면으로 접어든다.

프랑스 국민은 운명은 정해진 것이 아니라 스스로 개척하는 것이라는 사실을 다시 한번 깨달았다. 자신을 옭매고 있던 중세의 지긋지긋 한 사슬을 과감히 끊어버리고 자유와 평등이라는 소중한 가치를 쟁취했다. 더 나아가 그들은 개인의 신성불가침한 자유와 불의에 저항할 수 있는 권리를 헌법에 박아넣었다. 언제든 권력의 압제에 대항해 국민이 일어나 정권을 교체할 수 있도록 견제 장치를 마련한 것이다.

오늘날 여전히 파리에서 벌어지는 시위와 파업은 프랑스 대혁명의 연장선에 있다고 봐도 과언이 아니다. 시민들은 적극적으로 동참하지는 않더라도 노동자의 저항에 불편해하거나 혐오의 시선을 보내지 않는다. 이는 자신들도 언제든 함께 일어날 수 있다는 소리 없는 동의이자 혁명은 아직 끝나지 않았다는 권력자를 향한 암묵적 메시지이기도 하다.

루브르 박물관,
시민 품에 안긴 문화예술

평소에는 전혀 관심 없던 무엇인가가 막상 사라지면 그제야 소중함을 느끼고 아쉬워한다. 그 무엇인가는 시간, 청춘, 건강 혹은 사랑하는 사람일 수도 있다. 자신은 절대 소중한 것을 놓치지 않을 것이라 자신한다. 우리는 많은 것을 보고 있다고 생각하지만, 실제로는 보고 싶은 것만을 보고 있음을 깨닫지 못한다. 그러는 사이 중요한 것들은 이내 사라진다. 파리에서 비슷한 사건이 발생했다. 박물관에서의 그림 한 점이 도난당하고 나서야 비로소 그것이 얼마나 소중한 것이었는지를 절실히 깨닫는다.

20세기 초 루브르 박물관에서 레오나르도 다빈치 작품인 〈모나리자〉가 사라지는 대형 사고가 발생했다. 경비인력도 부족했고 경보시스템도 없는 상태였기 때문에 도난 후 24시간 만에 박물관은 그 사실을 알게 되었다. 만 하루 만에 도난 사실을 알게 됐다는 것을 보면 당시 모나리자가 오늘날처럼 인기 있는 그림은 아니었던 모양이다. 곧이어 신문에 이 사건이 대서특필되었고 전 세계로 소식이 타전되면서 많은 사람의 이목을 끌었다. 이는 의도치 않은 노이즈 마케팅이 되었고, 그림이 걸려있었던 공간을 보기 위해 수많은 사람이 루브르 박물관 앞에 줄을 서는 기이한 현상을 연출했다.

계속되는 높은 관심에 부담을 느낀 정부는 사안의 중요성을 인식하고

∨ 루브르 박물관. 프랑스 대혁명 200주년 기념으로
　1989년 나폴레옹 광장에 유리 피라미드가 설치되었다.

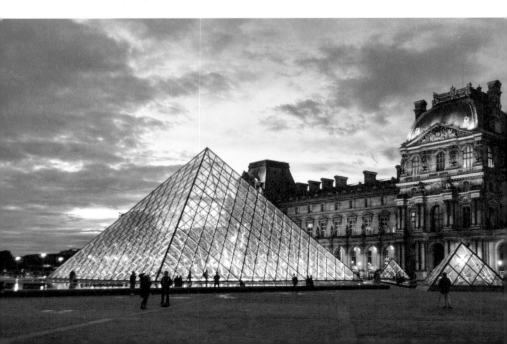

60명이나 되는 형사를 투입해 2년 만에 이탈리아 피렌체에서 그림을 찾아냈다. 이 사건으로 그동안 프랑스는 자신들이 가진 위대한 작품을 그동안 얼마나 소홀히 대했는지를 자각한다. 그뿐만 아니라 레오나르도 다빈치에 대한 재평가가 진행되면서 시대에 따라 가치판단은 늘 상대적일 수 있음을 많은 사람에게 상기시켰다.

오랫동안 파리 서쪽을 방어하는 단순 요새로만 사용되었던 루브르를 본격적인 르네상스풍의 궁전으로 개발하기 시작했던 왕은 프랑수아 1세다. 그는 레오나르도의 열렬한 후원자이기도 했는데 이때부터 루브르와 레오나르도는 서로 함께할 운명이었나보다. 그 후 절대왕권의 상징이었던 루이 14세가 파리를 떠나 베르사유로 천도하면서 루브르 개발은 중단되었다. 왕실이 떠나간 루브르의 여유 공간은 왕실이 그동안 모은 예술품을 보관하는 곳으로 용도가 변경되었다. 당시 예술작품의 양과 질은 그 나라 왕의 권위와 국력을 보여주는 지표이기도 했기 때문에 유럽의 군주들은 경쟁적으로 작품을 사들였고 전쟁을 통해 약탈했다.

루이 14세는 회화, 음악, 무용, 발레 등 다양한 예술 분야를 총괄하는 왕립 아카데미를 루브르에 설치해 국가 예술 부문의 권한을 한곳에 집중시켰다. 루브르는 단번에 최고의 예술작품을 보유한 유럽 예술의 중심지로 도약했고, 작품 전시와 정보 교류의 장이 되었다. 하지만 여전히 예술은 소수를 위한 전유물이었으며 그들은 그 권한을 대중과 공유할 맘은 추호도 없었다. 프랑스 대혁명은 급진적인 사회 변화를 예고했다.

1793년 8월 10일 혁명정부는 제1공화국 1주년을 기념하여 루브르 박물관을 일반 시민에게 공개했다. 이제는 누구나 최고의 작품을 차별 없이 접할 수 있게 되었다. 루브르 컬렉션이 풍부해진 것은 나폴레옹 1세부터이다. 정복 전쟁 때 반입된 근동의 메소포타미아, 이집트 파라오 유물이 박물관을 채웠다. 나폴레옹 3세 치하에서는 아시아 지역 유물까지 더해져 세계 수준의 박물관으로 성장한다.

프랑스 혁명 이후 파리 시민은 누구나 어렸을 때부터 세계 거장의 작품을 늘 주변에서 가깝게 접하며 성장했다. 이러한 환경에 힘입어 한 세기가 지나면 벨 에포크를 맞아 파리 거리에 예술가들이 넘쳐난다. 예술은 특권층의 손아귀에서 벗어나서야 비로소 자신에게 절대 길들지 않는 야성이 있음을 깨달았다. 예술이 자유롭게 시민들 사이를 오가기 시작하자 파리는 전보다 더욱더 새롭고 다채롭게 창조되었다. 그 현장을 보기 위해 오늘도 박물관 입구는 전 세계의 예술을 사랑하는 순례자들로 장사진을 이룬다.

나폴레옹 1세,
유럽을 쥐락펴락한 세기의 풍운아

새로운 생각을 위해서는 관점의 변화가 필요하다. 유람선을 타고 센강 위에서 바라보는 파리의 풍경은 걸으면서 만난 파리와는 또 다른 느낌이다. 전혀 다른 성격의 자연과 인공적인 도시가 조화되었을 때 얼마나 멋진 풍경이 만들어지는지 목격할 수 있기 때문이다. 센강에 놓인 유서 깊은 다리들을 자세히 볼 수 있는 것도 흥미로운 경험인데 특히 알렉상드르 3세 다리는 그 화려한 외관으로 대중의 눈길을 끈다. 19세기 말, 러시아와의 관계를 돈독히 다지기 위해 러시아 황제의 이름을 따서 건설한 이 다리는 다양한 영화의 배경으로 등장하면서 더욱 인기 있는 장소가 되었다.

알렉상드르 3세 다리 건너 센강 좌안左岸에는 황금 돔으로 장식된 또 하나의 웅장한 건축물이 관광객 시선을 사로잡는다. 루이 14세 때 상이 군인의 보호와 치료를 위해 만든 앵발리드Invalides이다. 이곳이 유명한 이유가 건물 내부에 있는 교회의 화려한 황금 돔 때문이기도 하지만 또 한 가지 중요한 이유가 있다. 돔 바로 아래에 19세기 유럽을 하나로 통합하려 했던 세기의 풍운아 나폴레옹 1세Napoléon Bonaparte, 재위 1804~1814가 잠들어 있기 때문이다.

프랑스 대혁명은 자칫 그들만의 개혁으로 마무리될 수 있었다. 하지만 혁명의 불씨를 유럽을 넘어 중남미까지 퍼트린 인물이 코르시카 출신의 나폴레옹 보나파르트였다. 그의 등장 후 세계의 역사는 전과는 다른 방향으로 흘러갔다.

∨ 알렉상드르 3세 다리와 앵발리드.
　다리가 유람선이 닿을 듯 상당히 낮게 제작된 이유는 앵발리드와 다리 맞은편에 있는
　샹젤리제의 경관을 해치지 않기 위해 다른 다리보다 낮은 6m로 제작되었기 때문이다.

혁명정부가 구체제의 상징이었던 왕을 처형하자 주변의 왕국들은 프랑스 혁명의 여파가 자국으로 전파되는 것이 두려워 프랑스를 공격했다. 당시 프랑스 남부 지중해와 맞닿은 전략상 중요한 군항이었던 툴롱이 영국-스페인 군대에 점령되어 위기를 맞았다. 이때 포병 대위 나폴레옹은 전투에 배치되어 위기에 빠진 프랑스를 구해낸다. 나폴레옹 회고록을 썼던 라스 카즈는 "툴롱에서 나폴레옹은 역사를 이끌어가기 시작했고 그 후 결코 역사를 떠나지 않았다. 바로 그곳에서 그의 불멸의 역사가 시작되었다"라며 툴롱 탈환에 중요한 의미를 부여했다.

혁명정부의 신뢰를 쌓은 나폴레옹은 군 최고사령관이 되어 이탈리아 원정에 파견되었고, 이탈리아 북부에서 오스트리아를 물리쳤다. 이 원정에서 나폴레옹은 혁명정부의 명령을 어기고 가톨릭과의 관계를 고려하여 교황청을 함락하지 않았을 뿐만 아니라 오스트리아와도 단독으로 협상했다. 지금까지 누구에게도 보여주지 않았던 정치적인 역량을 본격적으로 꺼내 보이기 시작한 것이다. 파리 시민들은 나폴레옹이 지긋지긋한 전쟁을 끝내고 평화를 가져다줄 것으로 기대했다.

나폴레옹의 인기가 치솟자 혁명정부는 그의 힘이 너무 강해지는 것을 우려하여 이집트 전선으로 보냈다. 영국을 견제하기 위한 이집트 전선은 결코 승리하기 쉽지 않은 곳이었다. 혁명정부는 나폴레옹의 몰락을 간절히 바랐다.

나폴레옹 군대는 이집트에 무사히 상륙은 했으나 영국 해군에 의해 정박해 놓은 함대가 완전히 괴멸되었다. 전쟁의 기본인 보급 루트가 끊겼고 후퇴할 곳도 없는 상황에서도 토착민의 신뢰를 얻어가며 안정을 되찾아갔다. 하지만 원정이 길어질수록 나폴레옹 군대는 주변의 적에게 둘러싸여 고립무원의 처지가 되었고 페스트까지 퍼지면서 절망의 상태로 치닫는다. 이때 조국이 외국 군대에 의해 위기에 빠졌다는 소식을 들은 나폴레옹은 야음을 틈타 영국 함대 몰래 부관 몇 명만 데리고 프랑스로 귀국하였고, 쿠데타를 일으켜 제1통령으로 취임한다.

여세를 몰아 4년 후 나폴레옹은 노트르담 대성당에서 나폴레옹 1세로 황제 대관식을 치렀다. 프랑스 최초 황제가 탄생했다. 어렸을 적부터 플루타르코스의 『영웅전』을 즐겨 읽었던 그는 알렉산드로스 대왕처럼 전 유럽을 하나로 통합하려는 원대한 목표를 세웠다. 서쪽으로는 눈엣가시였던 영국 정벌을 위해 스페인 함대와 연합하여 도버해협으로 향했다. 동쪽으로는 오스트리아-러시아 연합군과 벌인 아우스터리츠 전투에서 크게 승리했다. 이어 예나 전투에서 강국으로 떠오르고 있던 프로이센까지 함락시켰다. 이로써 대부분 유럽대륙은 나폴레옹 1세 이름 아래서 하나가 되었다.

하지만 언제까지 영광이 지속될 수 없었다. 트라팔가 해전의 패배로 도버해협 건너의 영국이라는 시한폭탄을 안고 있어야 했다. 쉽게 굴복할

줄 알았던 스페인도 끊임없는 게릴라전으로 프랑스군을 지치게 했다. 이미 대부분의 유럽을 정복한 나폴레옹은 이쯤에서 전쟁을 멈췄어도 전무후무한 성과를 이룬 상태였다. 그러나 그는 만족할 줄 몰랐다. 결국, 러시아 원정으로 위협적인 잽을 맞은 나폴레옹은 라이프치히 전투에서 결정적인 어퍼컷을 맞고 몰락했다. 워털루 전투로 재기를 노리기도 했으나 끝내 일어서지 못했고 남대서양 한가운데 있는 세인트헬레나 섬에 유폐되어 과거의 영광에 매달린 채 생을 마감했다.

승전국들은 오스트리아 빈에서 모여 유럽의 질서를 나폴레옹 등장 이전 상태로 원상 복귀시키는 데 합의했다. 망명 갔던 루이 16세의 동생들이 돌아와 프랑스 왕의 자리에 앉았다. 유럽은 다시 예전으로 돌아간 것처럼 보였다.

하지만 나폴레옹 통치 아래서 새로운 세상을 경험했던 사람들의 생각마저 시곗바늘 돌리듯 쉽게 되돌릴 수 없었다. 육체는 굴복시킬 수 있어도 정신까지 굴복시키는 것은 불가능하다. 나폴레옹이 지나간 자리에 자유와 평등의 씨앗이 자라고 있었다. 사람들은 이제 새로운 가치를 위해서는 기꺼이 목숨을 내놓을 준비가 되어있었다.

나폴레옹의 유해는 1840년 그의 소원대로 파리로 돌아왔다. 유해가 운구되는 길목마다 인파가 몰렸다. 에투알 개선문을 지나 마지막으로 앵발리드 황금 돔 아래에 안장되었다. 그는 유럽을 전쟁의 광풍으로 몰고 갔던 장본인이다. 반면, 세계 많은 사람에게 자유와 평등의 정신을 일깨우기도 했다. 그에 대한 평가는 여전히 진행 중이다. 앵발리드에서 영면을 취할지 혹은 팡테옹으로 옮겨질지 아니면 종국에는 이름 없는 무덤의 주인이 될지는 파리에서 아무도 장담할 수 없다.

오스만 시장,
새로운 파리의 탄생

　　파리는 이천 년이나 되는 역사에도 불구하고 중세 모습을 찾아보기 쉽지 않다. 오히려 바로크풍의 화려하고 역동성 넘치는 도시 경관에 압도당한다. 중세의 역사가 빚어놓은 고색창연한 도시를 기대하는 여행객들에게는 아쉬운 부분일 수도 있다. 그런데도 여전히 전 세계에서 가장 많은 관광객이 찾는 도시가 파리인 것을 보면 이곳에 뭔가 특별한 것이 존재함이 틀림없다.

　　영국의 산업혁명 이후 19세기부터 파리에도 본격적인 산업화가 시작된다. 전국에 사람들이 일자리를 찾아 대도시 파리로 몰려들었다. 당시까지 전형적인 중세의 도시였던 파리는 밀려드는 인구를 더는 수용할 수 없는 지경에 이르렀다. 가정의 오수는 센강으로 흘러 들어가 악취가 날 정도로 심하게 오염되었고, 콜레라가 창궐해 많은 사람이 목숨을 잃었다. 골목길에는 쥐와 해충이 들끓었고, 밤에는 강력 범죄가 끊이지 않았다.

도시 근대화에 관심이 많았던 나폴레옹 3세는 본격적으로 파리 도심을 변화시키기 위해 오스만Georges-Eugène Haussmann, 1809~1891 남작을 파리 시장으로 등용했다. 오스만은 파리를 "아우구스투스의 로마 같은 대리석의 도시로 만들겠다"라는 신념으로 1753년부터 16년간 과감한 도시 개조 작업을 시행했다. 음침하고 구부러진 골목길이 사라지고 넓은 직선 도로가 만들어졌다. 24개의 광장이 설계되었고 도시의 폐 역할을 하는 4개의 큰 공원이 들어섰다. 이제 파리에서 누구나 집에서 5분만 걸으면 따뜻한 햇볕이 들고 바람이 순환하는 공터를 만날 수 있게 되었다.

특히 하수도를 정비하여 파리 도심에 깨끗한 물이 흐르게 한 것은 그의 가장 큰 업적 중 하나다. 이로써 파리는 잊을만하면 창궐했던 콜레라의 공포에서 벗어날 수 있었다. 당시 만들어진 하수도는 약 2,400km나 되었으며, 이후 이곳으로 전화선과 같은 각종 케이블이 들어가면서 도심 미관이 크게 개선되었다. 도심 곳곳에 가스등을 밝히자 범죄가 줄었고, 즐기는 문화가 밤에도 이어졌다. 파리는 빛의 도시로 변했다. 도시의 변

화는 곧 이어질 파리의 가장 아름다운 시기라고 일컬어지는 벨 에포크
를 예고했다.

한편, 개발이라는 빛이 더욱 빛날수록 그림자도 그만큼 짙어졌다. 개
발된 대부분 지역은 빈민들이 살던 비위생적인 곳으로, 이때 35만 명이
나 되는 빈민들이 파리 외곽으로 쫓겨났다. 공사 중 땅속에서 로마-갈리
아 시대의 고대 경기장 유적이 발굴되었지만, 도시의 경관을 위해 헐어
버리는 안타까운 사건도 있었다. 도로가 넓어지자 군대의 행진이 원활
해진 반면, 파리 시민들의 전매특허였던 바리케이드 시위는 어렵게 되

∨ 노트르담 대성당. 오스만 파리 시장의 개발로 특히 빈민들이 몰려있던
  시테섬 대부분 집이 헐려 나갔다.

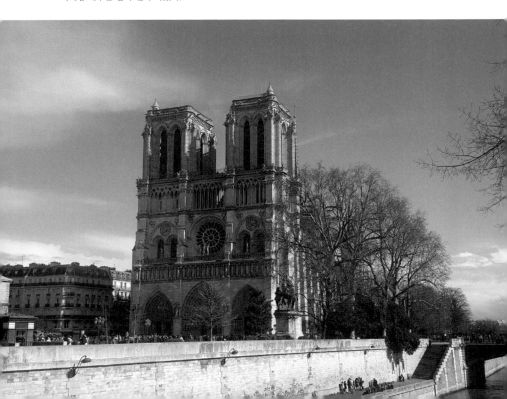

었다. 프랑스 사상 최악의 내전으로 기록된 파리코뮌 당시 시민군이 정부군에 신속하게 진압된 이유다. 1870년, 긴 망명 생활을 마치고 파리로 돌아온 프랑스의 대문호 빅토르 위고Victor-Marie Hugo, 1802~1885는 자신이 떠나기 전 고딕 분위기가 흠씬 넘쳤던 15세의 파리 모습이 사라졌다고 가슴 아파하기도 했다. 이제 중세 모습의 파리는 위고의 소설『레미제라블』,『파리의 노트르담』에서만 만나볼 수 있게 되었다. 오늘날과 같은 낭만적인 파리의 모습 이면에는 이러한 슬픈 사연이 서려 있다.

관광객에게 꾸준한 사랑을 받는 도시를 살펴보면 공장에서 찍어낸 듯한 매력 없는 장소보다는, 지독하리만치 자신의 정체성을 잘 지켜온 곳이 대부분이다. 이는 인공적으로 만들어진 인형 같은 예쁜 얼굴보다, 스스로 노력을 통해 아름다움을 가꿔온 사람에게 더욱 매력을 느끼는 이유와 같다. 파리는 다른 도시와 같아지려 하기보다는 자신이 가진 장점을 더욱 발전시키는 데 집중했다. 그러한 노력으로 오늘날 세계인을 사로잡는 매력적인 도시가 되었다.

콩코드 광장&에투알 개선문,
파리를 가로지르는 역사의 축

　　파리 시내 투어를 하면서 가장 많이 지나치게 되는 장소가 콩코드 광장이다. 나폴레옹 1세 때부터 구상된 파리 동서를 가로지르는 거대한 축의 시작점이다. 콩코드 광장에서 서북쪽으로 길게 뻗은 샹젤리제 거리 끝에 파리의 랜드마크인 에투알 개선문이 있다. 20세기 들어 도시의 축은 에투알 개선문에서 서북쪽으로 더욱 연장되어 라데팡스의 '그랑다르슈新개선문'까지 이른다. 오랜 역사를 간직한 콩코드 광장에서 신도시 라데팡스까지 도시 축이 연장되자 과거와 현재의 역사가 단절의 위기를 극복하고 함께 살아 숨 쉬게 되었다.

한없이 평화롭게 보이는 콩코드 광장은 대혁명 당시 매일 단두대에서 토해내는 피로 마를 날이 없었다. 혁명의 광장이자 피의 광장이었다. 그 광장 한가운데에 이국적인 건축물이 우뚝 서 있다. 이집트 룩소르 신전에서 가져온 높이 23m에 250t이나 되는 오벨리스크다.

1829년, 이집트의 총독 무함마드 알리가 프랑스와의 친선을 다지는 의미로 프랑스 왕 샤를 10세에게 선물했다. 자기 나라의 정체성과도 같은 삼천 년 전 유물을 선물하는 어이없는 결정에 쓴웃음이 지어진다. 이슬람을 믿는 이집트 총독에게 오벨리스크는 보호해야 할 문화재가 아닌 단지 이교도의 상징으로만 생각되었던 것일까. 이제는 화합의 상징이 된 콩코드 광장에 전쟁광이었던 람세스 2세가 세운, 그것도 태양신 숭배와 연관이 있는 상징물을 세워놓는 프랑스의 의도가 자못 궁금하다.

콩코드 광장의 오벨리스크처럼 권력자들은 늘 본능적으로 자신의 위엄을 과시할 건축물을 만들었고 나폴레옹도 예외는 아니었다. 그가 황제로 등극하자 파리에 기념 건축물들이 들어서기 시작했다. 그는 동방 전선에서 오스트리아-러시아 연합군, 프로이센과의 전쟁에 잇달아 승리하면서 유럽의 패자가 되었다. 센강에 당시 전투의 이름을 딴 아우스터리츠Austerlitz 다리와 예나Jena 다리가 건설되었고, 튈르리궁 앞에는 카루젤 개선문이 세워졌다. 에투알 광장에는 카루젤 개선문 두 배 크기의 에투알 개선문이 건설되어 도시의 기본 축이 형성되었다.

또한, 방돔 광장에는 아우스터리츠 전투 당시 적에게 포획한 1,200문의 대포를 녹여 만든 44m의 원기둥을 세웠으며, 마들렌 성당이나 팡테옹 같은 기존의 종교시설은 애국심을 고취하는 용도로 변경되었다.

콩코드 광장의 오벨리스크 중심으로 동서남북에 있는 유명 건축물들은 나폴레옹 때부터 시작된 프랑스의 화려한 전적을 과시한다. 반면, 그의 운명처럼 절대권력은 절대로 부패하고 사라지고야 만다는 것을 상징적으로 보여주는 것 같다.

∨ 콩코드 광장. 혁명, 단합 등의 상징성을 가진 파리에서 가장 큰 광장이다.

몽마르트르, 내전의 아픔을 딛고
보헤미안의 성지가 되다

만약 과거로 돌아갈 수 있다면 어느 시기를 선택하게 될까. 〈미드나잇 인 파리〉와 같은 19세기 말에서 20세기 초 파리를 배경으로 한 영화가 현재까지 꾸준히 제작되는 것을 보면 서양에서 가장 동경하는 시기가 '벨 에포크'인 듯하다. '아름다웠던 시절'로 해석되는 벨에포크는 파리코뮌이 끝난 1871년부터 제1차 세계대전이 발발하기 전까지 약 40년 동안의 시기였다. 벨 에포크가 유독 아름답게 기억되는 것은 그 직전에 파리가 겪었던 고통이 너무 컸기 때문이 아닐까.

나폴레옹 3세는 프로이센과의 전쟁에서 패하는 것으로도 모자라 포

∧ 몽마르트르 언덕.
　파리에서 가장 높은 곳으로, 19~20세기를 대표하는 많은 예술가와 문인이 이곳 주변에서 활동했다.

로가 되는 굴욕까지 겪었다. 이 소식이 파리에 전해지자 곧 임시정부가 세워지고 제3공화국이 선포된다. 파리는 프로이센 30만 군대에 포위되었지만 4개월 동안이나 저항을 이어갔다. 그러나 역대급의 추위와 굶주림을 참지 못한 임시정부는 이듬해 결국 프로이센과 휴전협정을 맺고 상황을 마무리 지으려 했다. 프로이센이 제시한 항복 조건은 알자스-로렌 지역 양도와 50억 프랑의 전쟁배상금이었다. 특히 파리 시민은 프로이센 군대가 혁명의 심장부 파리 도심으로 개선 행진한다는 조건에 격분했다.

파리 시민은 정부의 항복과 관계없이 끝까지 저항하기로 다짐했다. 시민들은 무기와 탄약을 몽마르트르 언덕에 집결시켜 저항을 준비했다. 정부군이 파리 치안 유지를 위해 몽마르트르 언덕에 있던 227문의 대포를 빼앗으려 시도하는 과정에서 시민과 충돌하는 사건이 발생했다. 순식간에 파리 시민의 적이 정부군으로 변해 같은 민족끼리 총부리를 겨눠야 하는 비극적인 상황으로 발전했다. 이렇게 70일간의 비극적인 파리 코뮌민중 자치정부이 시작되었다.

파리코뮌의 시민군은 정부군에 저항했지만 잘 훈련된 정규군을 이길 수는 없었다. 코뮌 기간에 3만 명이 넘는 사상자가 발생했다. 정부군의 진압 후에도 4만 명 이상의 관련자가 처형되거나 구금되었다. 16세기 지어진 튈르리궁을 비롯하여 파리의 유서 깊은 건축물이 이때 전부 파괴되었다. 파리코뮌은 파리 시민이 겪은 역사상 가장 슬프고 비장한 역사로 기록되었다.

파리코뮌이 진압되자 프랑스는 제3공화국 재건에 나섰다. 우선 50억 프랑이나 되는 전쟁배상금을 갚기 위해 시민들은 금, 은 등 돈이 되는 금붙이는 다 팔아 2년 만에 빚을 다 상환했다. 이로써 프랑스에 상주하던 독일 군대를 쫓아버릴 수 있었다. 1998년 IMF 당시 해외 부채를 갚기 위해 대한민국의 전 국민이 참여한 금 모으기 운동으로 3년 만에 외채를 상환해버렸던 놀라운 역사와 오버랩되는 부분이다.

파리는 다시 변하고 있었다. 오스만 시장이 추진했던 도시 개선 작업이 자리를 잡아가면서 매력을 발산했다. 이와 함께 왕이 없는 자유로운 분위기를 찾아 유럽의 많은 예술가와 문인이 몽마르트르로 몰려들었다. 이들은 한동안 전쟁으로 생긴 커다란 문화적 공백이었던 회화, 문학, 음악 분야에 활동하며 도시에 새로운 생명력을 불어넣었다. 파리코뮌으로 비극의 상징이었던 몽마르트르는 아픔을 조금씩 치유하며 자유를 사랑하는 보헤미안의 성지로 변모해갔다.

마네, 모네, 세잔, 드가를 비롯한 인상주의 화가들은 기성 예술계에 도전장을 내고 새로운 예술 사조를 만들었다. 이어 등장한 쇠라, 고흐, 고갱과 같은 후기인상주의 화가들로 인해 화단은 더욱 다채로워졌다. 에밀 졸라, 귀스타브 플로베르, 알퐁스 도데 같은 작가들은 주변 서민들의 실제 모습을 작품에 녹여 자연주의 문학사조를 이끌며 문단의 저변을 넓혔다. 파리 만국 박람에서는 전 세계의 음악이 연주되었고 그곳에서 영감을 받은 드뷔시는 '아라베스크'와 같은 위대한 곡을 남겼다. 기술의 발전으로 전보다 더 다양한 사람이 서로 교류하면서 영감을 얻었고, 사람들의 세계관은 더욱 확장되었다.

벨 에포크는 독특한 시기였다. 사회가 너무 경직되면 창작을 위한 동기가 사라지고, 반대로 느슨하면 자칫 타락으로 치닫는다. 벨 에포크는 그 두 경계 사이를 긴장감 있게 지나고 있던 시기였다. 패전과 내전의 아폼으로 좌절에 빠져있던 파리 시민에게 필요했던 것은 그들의 정신을 위로해줄 무엇인가였다. 거침없는 자유를 사랑했던 보헤미안들이 모인 몽마르트르에서 탄생한 새로운 예술이 이렇게 시민을 위로하며 파리를 다시 일으켜 세웠다.

에펠탑,
대리석 도시에 우뚝 선 세계의 랜드마크

평평한 구릉 지대에 자리한 파리의 스카이라인을 가장 돋보이게 하는 건축물은 누가 뭐래도 에펠탑이다. 파리를 모르는 사람은 있어도 에펠탑을 모르는 사람은 없을 것이다. 세계의 랜드마크는 불과 170년 전 건설 당시만 해도 대중의 수없이 많은 조롱과 비난을 받았으며 완성 이후 철거의 위기를 맞기도 했다. 하지만 이내 근대 과학의 발전을 이끈 견인차가 되어 현재까지 그 끈질긴 생명을 이어온 반전의 아이콘이기도 하다.

1851년 개최된 런던 만국박람회를 시작으로 세계 각지에서 개최되는

∧ 에펠탑. 해가 지면 에펠탑에 조명이 들어와 파리의 매력이 더욱더 깊어진다.

국제 행사가 줄을 이었다. 1889년은 파리 차례였다. 그해는 프랑스 대혁명 100주년이기도 했기 때문에 박람회 조직위는 행사 준비에 더욱 심혈을 기울였다. 그들은 파리가 보불전쟁의 패전과 파리코뮌이라는 아픔을 극복하고 과학기술발전의 진보를 이룩했다는 것을 세계를 향해 자신 있게 보여주고자 했다. 19세기 들어 세계 각지에서 300m 1,000ft 높이의 탑을 건설하려는 시도가 있었지만 아직 성공하지 못한 상태였다. 조직위는 이점에 착안하고 인간이 아직 달성하지 못한 탑 건설을 위한 공모전을 연다.

2주밖에 안 되는 짧은 기간에 100개가 넘는 아이디어가 접수되었고 최종적으로 에펠 Gustave Eiffel, 1832~1923의 작품이 선정되었다. 구조 공학자였던 에펠은 철도산업의 발전에 힘입어 세계 곳곳에 철도역과 교량 등 산업시설을 건설하며 경력을 쌓았다. 프랑스에서 자유와 독립의 상징으로 미국에 선물했던 '자유의 여신상'이 강한 대서양의 바람을 이겨내고 베들로 섬에 우뚝 서게 된 것도 에펠이 설계한 철 골조가 있었기에 가능한 일이었다. 에펠은 '철의 마술사'로서 국제적 명성을 얻었다. 만국박람회에서 에펠이 선보일 탑은 철 골조 자체가 목적이 되는 세계 최초이자 가장 높은 건축물이 될 것이었다.

작업은 시작 전부터 난항을 겪는다. 조직위에서 배정한 예산은 150만 프랑으로 전체 제작 비용의 1/4수준이었으며, 탑이 들어설 자리는 샹드

마르스 광장으로 전체 지반이 균일하지 않아 7,000t이나 되는 무게를 견딜 수 있을지 의문이었다. 당시까지 많은 시도에도 여전히 300m의 탑이 세워지지 못한 이유도 이러한 문제를 해결할만한 역량을 가진 영웅이 없어서였는지도 모른다. 에펠은 늘 행동하는 사람이었다. 그는 주식회사를 설립해 자본을 끌어모아 스스로 비용을 충당했고 강에 교량을 건설할 때 사용하는 최신 공법을 사용해 약한 지반에 단단한 기초를 놓는 문제도 해결한다.

이제 지상으로 탑이 올라가기 시작하자 그는 기존의 전통과도 싸워야 했다. "거대한 시커먼 공장 굴뚝", "진실로 비극적인 가로등"이라며 조롱과 비난을 쏟아내는 전국에 문인들과 예술가들에 맞서야 했으며, 그를 공격하는 언론까지 상대해야만 했다. 그들이 생각하기에 대리석의 도시 파리에서 건축이란 자고로 돌이 주인공이어야 하며 철은 보이지 않는 곳에서 돌을 떠받치는 엑스트라여야만 했다. 또한, 에펠과 같은 기능적인 구조물만 만드는 공학자는 건축가의 예술적 디자인이 실현될 수 있도록 보조하는 역할로 만족해야만 했다. 에펠의 철탑이 올라가면서 이 모든 상황이 역전되었다. 전통주의자들이 두려워하고 우려했던, 철이 건축의 주인공이 된 데다가 미적 요소까지 겸비한 상황이 실제 연출된 것이다. 에펠은 "미적 감각은 예술가들에게 독점되어서는 안 된다"는 자신의 철학을 에펠탑을 통해 보여줬다.

에펠탑은 2년 2개월 만인 1889년 5월 6일 박람회 개막일에 맞춰 전 세계 사람들에게 공개되었다. 6주 뒤 엘리베이터까지 개통되자 더욱 많은 사람이 이곳을 찾았다. 우려와는 다르게 박람회 기간 200만 명이 에펠탑을 방문할 정도로 성황을 이뤘다. 위치가 변하면 보이는 것도 달라진다. 300m 상공에 선 사람들은 파리의 아름다움을 재발견했다.

에펠탑은 자연스럽게 파리의 랜드마크가 되어 사람들의 뇌리에 각인됐다. 에펠의 선구안은 파리를 더욱 낭만이 가득한 도시로 만들었다. 그는 철과 유리로 만들어진 골조 건물도 충분히 아름다움을 구현할 수 있다는 것을 증명했다. 또한, 기능이 다해 철거의 위기에 빠진 구조물이 기상관측, 항공역학, 무선통신 등 다양한 과학기술 발전에 활용될 수 있음을 보여줌으로써 에펠탑을 새롭게 재정의했다. 사람들의 비난이 두려워 에펠탑 건설이 중단되었다면 오늘과 같은 파리의 명성을 얻기는 분명 어려웠을 것이다. 행동하는 몽상가에 의해 파리는 새로운 생명을 얻었다.

런던, 진보의 길

"지혜의 시대였지만 어리석음의 시대이기도 했다.
믿음의 신기원이 도래함과 동시에 불신의 신기원이 열렸다.
빛의 계절이면서 어둠의 계절이었다.
희망의 봄이었지만 절망의 겨울이기도 했다"

– 『두 도시 이야기』, 찰스 디킨스

헨리 8세,
대영제국의 초석을 쌓다

　　19세기, 런던의 최고 호황기를 대변하는 건축물이 타워 브리지다. 도개교를 매단 50m 높이의 육중한 고딕 양식 탑은 도시 분위기를 더욱 고풍스럽게 만든다. 이 다리를 북쪽으로 건너면 한때 런던 역사의 중요한 역사의 장이었다는 듯 묵직한 외관을 가진 중세에 지어진 런던탑이 모습을 드러낸다.

　한눈에 봐도 위압감을 주는 런던탑은 11세기 런던을 침략했던 바이킹이 그들의 강력한 힘을 과시하기 위해 건축했다. 런던탑은 요새에서 시작하여 주거의 기능을 갖춘 궁전으로 확장되었으며, 13세기에 이르러

∧ 시티 오브 런던과 런던탑. 세계금융의 허브인 이곳에 1세기경 로마에 의해
  '론디니움'이란 도시가 세워지며 런던의 역사가 시작된다.

현재의 모습을 갖춘다. 런던탑은 누구도 침략하기 어려웠던 난공불락의
요새였던 만큼, 그곳에서 빠져나가기도 절대 만만치 않았다. 만약 감옥
으로 사용된다면 아주 이상적인 장소가 될 수 있음을 의미한다.

  영국 역사에서 가장 유명한 왕 중 한 명인 헨리 8세Henry VIII, 재위 1509~
1547는 원래는 왕이 될 인물이 아니었다. 형의 이른 죽음이 그를 왕으로
만들었다. 헨리 8세는 스페인과의 외교 관계를 고려하여 형수 '아라곤의
캐서린'과 원치 않는 결혼을 했다. 캐서린은 당시 이베리아반도 통일 후

유럽의 새로운 강자로 부상한 스페인의 공주였기 때문에 헨리 8세는 쉽게 결혼을 거절할 수 없었다.

둘의 관계는 그리 나쁘지 않았던 것으로 알려졌지만 캐서린이 아들을 낳지 못하자 헨리 8세의 마음은 금세 왕비의 시녀였던 앤 불린에게로 옮겨간다. 그는 앤 불린과 결혼하기 위해 로마 교황에게 기존 결혼을 무효화해 달라고 강하게 요청한다. 당시 교황은 신성로마제국의 침략을 받아 백척간두의 상황에 놓여있었기 때문에 헨리 8세의 요청에 신경 쓸 여력이 없었다.

교황의 응답을 기다릴 수 없었던 헨리 8세는 로마 가톨릭을 탈퇴하고 잉글랜드 국교회를 만들어 스스로 수장이 되었다. 더는 교황 눈치를 보며 결혼 문제로 전전긍긍할 필요가 없었다. 이는 로마 교황청 입장에서 실로 충격적인 사건이었다. 당시 종교개혁으로 많은 북유럽 국가가 로마 가톨릭을 이탈해 개신교로 개종했다. 그런 와중에 잉글랜드까지 가톨릭을 떠나버려 유럽에서 교황의 영향력은 더욱 줄어들었다. 추상같던 교황의 권위는 끝을 모르고 추락했다.

헨리 8세와 앤 불린과의 사랑은 영원할 것처럼 보였다. 그러나 그녀가 아들을 낳지 못하자 간통 혐의로 런던탑에 갇히고 그곳에서 처형되었다. 사랑도 왕의 핏줄을 계승하는 문제보다 더 중요할 수 없었다.

헨리 8세는 이후 네 번을 더 결혼해 그의 인생에서 총 여섯 번 아내를 맞았다. 그가 가장 사랑했던 세 번째 부인 제인 시모어가 마침내 왕에게 아들을 안겨주었으나 그녀는 얼마 후 사망했고, 생때같던 아들도 젊은 나이에 세상을 떠났다. 헨리 8세의 개인사는 비극적이었고 그리 존경받을 만하지 못했다. 반면, 종교개혁을 단행해 왕권을 강화했고 이를 바탕으로 강한 해군을 육성해 대영제국으로 가는 초석을 놓았다는 점에서는 높은 평가를 받는다. 헨리8세는 영국을 빛낸 역사적인 인물을 뽑을 때 빠지지 않고 늘 상위에 이름이 올라가 있다. 사생활과 업적을 냉철하게 구분하여 평가하는 영국의 문화를 엿볼 수 있는 부분이다.

이제 영국은 육성된 해군력을 활용해 거친 대양으로 나갈 준비를 한다. 그 중심에는 헨리 8세와 앤 불린 사이에서 태어난 딸 엘리자베스 1세가 있었다.

엘리자베스 1세,
바다에 미래가 있다

     런던의 트라팔가 광장은 연인들을 위한 만남의 장소이자 새해 초를 알리는 다양한 행사가 펼쳐지는 역동적인 곳으로 늘 사람들로 북적인다. 광장 중앙에 세계 3대 해전으로 꼽히는 트라팔가해전의 승리를 기념하기 위한 기념비가 있고, 그 끝에는 승리의 주역이었던 넬슨 Horatio Nelson, 1758~1805 제독이 당당히 서 있다. 넬슨 제독의 시선은 바다를 향한다. 섬나라 영국의 미래는 오직 바다에서만 발견할 수 있다는 결연한 의지가 느껴진다.

     나폴레옹 1세는 영국을 무릎 꿇려야 진정한 유럽의 승자라고 생각했

다. 1805년 프랑스-스페인 연합함대는 섬나라 영국 정벌을 위해 출항했다. 연합함대는 스페인 남서부 트라팔가곶에서 영국 해군과 대치했다. 넬슨 제독의 병력은 열세였지만, 적선과 평행 선상에서 교전하는 전통 방식의 소모전이 아닌 수직으로 공격하는 창의적 전략을 사용해 해전을 승리로 이끌었다.

그보다 200년 전인 1588년, 도버해협에서 치러진 칼레해전은 트라팔가해전의 예고편이자 전주곡이었다. 원조 해가 지지 않는 제국이었던 스페인은 자신들의 영향력 아래 있던 네덜란드의 독립운동을 잉글랜드가 지원하는 사실에 분노했다. 게다가 한창 주가를 달리고 있는 대서양 무역에 잉글랜드 사략선私掠船이 자주 출몰해 무역에 차질을 주자 더는 사태를 두고 볼 수 없었다. 잉글랜드 여왕 엘리자베스 1세는 해적질의 중심에 있던 프랜시스 드레이크에게 오히려 훈장을 수여하며 불난 집에 기름을 들이부었다.

스페인 왕 펠리페 2세Felipe II, 재위 1556~1598는 잉글랜드를 쓸어버리기로 결정했다. 그는 10년 전 레판토 해전에서 오스만 제국 함대를 지중해에 수장시켰던 최강의 무적함대에 영국 정벌을 위한 출격을 명령한다.

스페인 무적함대가 막상 잉글랜드 해군과 조우했을 때 예상 밖의 결과가 벌어졌다. 잉글랜드 함선은 무적함대에 비해 가볍고 선체가 낮게 제작되어 기동력이 탁월했다. 또한, 1541년 철제 대포 주조기술로 새롭게 개발된 사거리를 늘린 컬버린포Culverin를 해전에 적극적으로 활용했다. 컬버린포의 결정적 파워는 약했지만, 사정거리 밖에서 무적함대를 괴롭히기는 충분했다.

반면, 무적함대의 대포는 사거리가 짧아 잉글랜드 함대에 전혀 타격을 가하지 못했다. 또한, 선체는 너무 많은 병력이 탑승해 기동력이 떨어졌다. 무적함대는 대서양의 거친 바람을 이겨내지 못하고 나뭇잎처럼 둥

둥 떠다녔다. 지중해의 최강자였던 스페인이라는 골리앗은 대서양의 잉글랜드라는 한 줌도 되지 않는 다윗을 만나 제대로 된 힘 한번 써보지 못하고 철저하게 농락당했다.

무적함대는 눈물을 머금고 스페인으로 기수를 돌려야만 했다. 그러나 그들의 비극은 거기서 끝나지 않았다. 복귀하는 과정에서 태풍을 만나 잉글랜드와의 해전보다 더 큰 피해를 입었다. 그동안 해군력 증강에 심혈을 기울여 온 잉글랜드의 완벽한 승리였다.

콜럼버스가 포문을 연 발견의 시대를 맞아 스페인, 포르투갈, 네덜란드가 서둘러 먼저 대양으로 나갔다. 대양무역에 한 세기나 뒤처졌던 잉글랜드는 칼레해전을 승리로 이끌면서 본격적으로 바다로 눈길을 돌렸다. 서쪽으로는 대서양을 건너 식민지 건설을 위해 북아메리카로, 동쪽으로는 인도양을 건너 향신료 무역을 위해 플라카로 향한다.

헨리 8세, 엘리자베스 1세로 이어지는 튜터 왕조는 영국의 명운을 걸고 바다로 나갔다. 그렇게 축적한 노하우로 200년 후 트라팔가해전에서 프랑스-스페인 연합함대를 크게 무찔렀다. 이제 해가 지지 않는 제국으로 도약해야 할 때였다.

대화재 기념비,
폐허를 딛고 세계 금융의 허브로

런던에서 만날 수 있는 다양한 양식의 건물은 관광객들의 눈을 즐겁게 한다. 17세기 유행했던 화려하고 웅장한 바로크 양식의 세인트 폴 대성당, 18세기 폼페이가 발굴되면서 재조명받은 신고전주의 양식의 영국 박물관, 19세기 신을 향한 간절한 소망을 담고 하늘로 곧게 뻗은 고딕 양식을 재현한 국회의사당이 대표적 예이다. 반면 16세기 이전의 건축물이 잘 안 보인다는 것은 런던의 오랜 역사로 봤을 때 의아한 부분이다.

런던은 기원후 43년 로마 황제 클라우디우스Claudius, 재위 41~54에게 정

∧ 런던 대화재 기념비. 화재가 처음 시작되었던 지점에 세워
고군분투하며 도시를 재건했던 시민들의 헌신을 기리고 있다.

복되어 본격적으로 역사의 무대에 들어선다. 이곳에 켈트족, 로마인, 앵글로색슨족, 데인족, 노르만족 등 다양한 민족이 거쳐 갔으니 나름 유의미한 흔적을 남겼을 것이다. 그러나 그들이 남긴 건축물을 찾아보기란 쉽지가 않다. 템스강에 최초로 건설된 런던 브리지를 건너면 런던의 길고 긴 역사가 시작되었던, 그리고 현재는 세계 금융의 중심지가 된 '시티 오브 런던더 시티, The City'에 들어선다. 그리고 바로 마주치는 62m의 런던 대화재 기념비에서 그 단절된 과거의 실마리를 찾을 수 있을지도 모른다.

17세기, 런던은 계속되는 내전과 재해로 인해 고난의 시기를 보냈다. 1665년, 대역병의 발생으로 런던은 순식간에 아비규환이 되었다. 봄부터 성 바깥에서 시작된 전염병은 장장 18개월에 동안 런던 전체 인구의 1/4수준인 10만 명의 목숨을 앗아갈 정도로 파괴적이었다. 지구를 없애버릴 정도의 가공할 만한 힘을 가진 21세기에도 여전히 인간은 코로나19와 같은 전염병 앞에서 속수무책이다. 인간은 자연 앞에서는 한없이 작고 연약한 존재임을 다시 한번 느낀다.

대역병의 아픔이 치유되기도 전 또 다른 거대한 비극이 런던을 정조준했다. 1666년 9월 2일, 극심한 가뭄으로 인해 도시 전체가 극도로 건조해진 상황에서 약속이나 한 듯 빵집에서 불길이 시작되었다. 화마火魔가 바람을 타고 삽시간에 도심 전체로 번졌다. 나흘 만에 '더 시티' 면적

373에이커의 80% 이상이 불탔다. 도심 대부분 교회와 공공 건축물이 사라졌다. 성벽 안에 집들 대부분도 잿더미가 되었다. 이 화재는 당시 8만 명의 주민 중 7만 명이 이재민이 될 정도로 매우 충격적인 사건이었다.

대화재 발생 전 런던은 전형적인 중세의 모습을 간직한 도시였다. 수많은 탑, 미로처럼 뻗은 좁고 불결한 골목길. 그 길을 따라 화재에 취약한 볏짚이나 목재로 만들어진 집들이 서로 닿을 듯 마주 보고 있었다. 이와 함께 빵집의 화덕, 대장간, 유리공장 등 화재 위험이 큰 작업장도 공존했다. 재앙은 노크하며 정중히 찾아오지 않고 노도처럼 밀려들어 도시를 한순간에 원시시대로 되돌려 놓았다.

런던은 다시 원점에서 도시계획을 시작했다. 전염병과 화재의 원인이 되었던 중세 도시의 모습을 이참에 벗어나야 했다. 오늘날 런던의 모습을 만든 것은 당시 도시계획을 주도했던 건축가 크리스토퍼 렌 경Sir Cristopher Wren, 1632~1723의 공로가 크다. 집 간의 간격을 조정해 바람이 통하게 했다. 집을 지을 때 불에 타지 않는 석재를 사용하는 것은 무엇보다 중요한 정책이었다. 화재 시 진화 장비가 신속히 도심으로 들어올 수 있도록 길을 넓혔다. 교회와 공공 건축물도 다시 세워졌다. 세인트 폴 대성당이 화려하고 웅장한 바로크 양식으로 재건되자 런던 시민은 다시 고난을 딛고 일어설 수 있다는 희망과 자신감을 얻었다.

도시는 시민들의 자발적인 참여로 빠르게 재건되었다. 도시의 경계도 성벽을 넘어 서쪽으로 계속 확장되었다. 그러나 처음 의도했던 것처럼 주요 광장을 중심으로 사통팔달 도로가 뻗어가는 파리와 같은 바로크풍의 모습은 아니었다. 재건 후 도시의 외형은 전과 크게 달라지지 않았지만, 타지 않는 건축 재료의 사용과 화재대비를 위한 매뉴얼 도입으로 재해방지 시스템을 갖춘 것은 큰 성과였다. 대화재를 극복한 런던은 이후 세계의 금융 중심지로 더욱 크게 성장했다.

폐허 속에서도 런던은 빠르게 재건되었다. 이는 왕에 의해 수동적으로 움직이는 신민이 아닌 적극적으로 자신들의 운명을 개척해가려는 시민 정신이 있었기에 가능했다. 런던 대화재 후 한 세기가 지나기도 전에 런던은 산업혁명을 성공시켜 유럽에서 가장 잘 사는 도시가 된다.

런던시는 화재가 처음 시작되었던 지점에 기념비를 세워 고군분투하며 도시를 재건했던 시민들의 헌신을 기린다. 이 기념비는 화마로 모든 것이 재가되어 자칫 끊겨버릴 뻔한 런던의 과거를 현재와 연결해주는 상징이다. 기념비 전망대에 올라서면 템스강과 런던의 모습이 파노라마처럼 들어온다. 런던을 거처간 민족들이 남긴 흔적은 대화재로 다 지워져버렸지만 그 잿더미 위에 시민들은 희망의 벽돌로 세계 금융의 신화를 쌓아 올렸다. 희망을 품은 인간에게 한계는 없다는 것을 오늘날의 런던은 생생히 보여준다.

국회의사당,
왕은 군림할 뿐 통치하지 않는다

'더 시티'에서 서쪽으로 이동하면 템스강 변에 있는 유명한 시계탑 빅벤과 국회의사당을 만난다. 이곳은 런던의 웨스트민스터 지역으로 12세기부터 정치 중심지였다. 또 다른 대표 건축물인 영국 국교회의 상징인 웨스트민스터사원은 이곳이 종교의 중심이기도 했다는 사실을 알려준다. 세월의 무게를 간직한 웨스트민스터 지역은 세련되고 현대적인 모습의 '더 시티'와는 다른 차분하고 중후한 매력이 돋보이는 곳이다.

국회의사당은 중세에 유행했던 고딕 양식으로 설계되어 오래 역사를 품고 있을 것 같지만 19세기 재건된 건물이다. 산업혁명으로 모든 것이 급박하게 돌아갔던 사회 분위기가 오히려 차분했던 고딕 시기의 향수를 불러일으켰는지 모르겠다. 이렇듯 유행은 계속 돌고 돈다.

국회의사당은 11세기 런던을 침략했던 바이킹이 이곳에 있었던 건물을 왕궁으로 사용하면서부터 본격적으로 그 역사가 시작된다. 왕이 살던 이곳에 13세기 말 잉글랜드 의회가 처음 열린 것을 시작으로 16세기부터 본격적인 상하원의 의회로 전용되었다.

∨ 웨스트민스터 궁전. 13세기 말 이곳에서 최초 의회가 열렸고,
　　현재까지 국회의사당으로 사용되고 있는 민주주의를 상징하는 중요 건축물이다.

17세기부터 의회의 비중은 더욱 커졌다. 헨리 8세와 엘리자베스 1세는 의회를 수족처럼 부리며 강력한 왕권을 행사했다. 그러나 엘리자베스 1세가 죽고 스코틀랜드 출신 왕 제임스 1세James I, 재위 1603~1625가 스튜어트 왕조를 열면서 상황은 역전된다. 그는 왕권신수설을 주장하며 의회와 마찰을 일으켰다. 가톨릭을 탄압해 의회가 폭파당할 위기를 자초하기도 했으며, 박해받던 청교도가 아메리카로 떠나는 직접적인 원인을 제공했다. 제임스 1세는 국가 운영에 가장 중요했던 정치와 종교 세력 모두에게 원한을 샀다. 그의 아들 찰스 1세Charles I, 재위 1625~1649는 심지어 의회와 전쟁을 선포하기에 이른다. 내전의 시작이었다. 의회파와 왕당파가 서로에게 총부리를 겨누며 많은 사람이 희생되었다.

이때 등장한 올리버 크롬웰Oliver Cromwell, 임기 1653~1658은 의회파를 지휘하여 왕당파를 물리치고 찰스 1세를 처형하면서 내전은 끝났다. 의회의 권력이 강해지는 순간이었다. 정권을 잡은 올리버 크롬웰은 공화국 선포 후 호국경Lord Protector이 되어 독재를 시행했다. 그는 사회 전체에 욕망의 절제와 근검절약을 강조했으며, 청교도적인 삶의 방식을 요구했다. 그러나 오랜 기간 자유롭게 살아온 런던 시민들이 수도승처럼 엄격한 기율아래 살기는 불가능했다. 크롬웰이 죽자 의회는 프랑스로 망명갔던 찰스 2세Charles II, 재위 1660~1685를 불러들였다. 세속적인 삶으로 복귀한 시민들은 왕을 열렬히 환호했다.

왕정이 복구된 뒤 영국의 겉모습은 전처럼 변한 것 없이 보였지만 크게 바뀐 사실이 하나 있었다. 예전에는 왕이 불러야만 의회가 소집되었지만, 이제 의회의 승인 없이는 왕이 마음대로 권력을 행사할 수 없었다. 이후 명예혁명과 권리장전으로 의회는 더욱 강한 힘을 갖는다. 한때는 강한 왕권으로 인해 의회가 위기의 순간을 맞기도 했지만 17세기 이후 의회가 왕권을 확실히 견제함으로써 왕도 법 테두리 안으로 끌어들였다. 왕은 군림할 수는 있어도 다시는 통치할 수 없는 영구적인 권력 견제 시스템을 만들었다.

런던이 다른 유럽의 도시보다 빠르게 산업화를 달성할 수 있었던 이유도 왕권이 견제되면서 자연스럽게 시민 사회의 자유가 보장되었기 때문이었다. 누구나 노력하면 성공할 수 있다는 사회적 분위기 속에서 펼쳐진 선의의 경쟁은 런던을 더욱더 발전시키는 원동력이 되었다. 국회의 사당의 시계탑 빅벤에서 울려 퍼지는 종소리는 살아있는 시민의 권력을 런던 곳곳에 매일 상기시킨다.

철도,
더 넓은 세상을 연결하다

런던 사람들은 지하철을 메트로나 서브웨이가 아닌 '튜브'라는 애칭으로 부른다. 지하철이 동그란 터널에서 닿을 듯 말 듯 하면서 빠져나오는 모습이 마치 치약이 튜브에서 나오는 것처럼 보이기 때문이다. 런던의 지하철은 세계에서 가장 오래되었다. 1863년도에 최초 개통되었으니 1974년 처음 개통된 서울 지하철 1호선과 비교하면 약 한 세기 정도 차이가 난다.

19세기 중반은 여전히 세계 대부분의 나라가 산업화에 들어서기 전이었다. 시골에 농사짓는 사람이 도시보다 더 많았으며, 소와 말 같은 동

∧ 세인트 판크라스 역.
런던 중앙 철도 종착역으로 벨기에, 프랑스, 네덜란드로 가는 유로스타가 출발한다.

물을 인간의 근력 대신 이용하고 있었다. 반면, 영국은 전 세계 공업 제품의 40%를 생산할 정도로 산업화에 성공해 유럽에서 가장 발전되고 부유한 공업 대국이 되어있었다.

영국의 산업혁명은 1768년 리처드 아크라이트가 수력방적기를 개발하면서 본격적으로 시작된다. 이후 개선된 뮬 방적기가 나오고 증기기관이 면직물 공업에 적용되면서 획기적 변화가 일어난다. 이제 물이 없는 곳에서도 면화에서 실을 뽑아 직물을 만들 수 있었다. 이로써 공장식 대량생산의 길이 열렸고 면직물의 수출이 급격히 증가한다. 전통적인 면직물 산업의 강자인 인도와 경쟁할 정도로 산업은 급성장했다.

반세기가 지나 또 한 번의 엄청난 혁신이 일어난다. 1830년대까지 증기기관은 탄광에서 물을 퍼 올릴 때나 사용되던 덩치 큰 단순한 기계에 불과했다. 그러나 선각자들은 증기기관이 다른 분야에도 사용될 수 있음을 깨달았다. 기관의 크기를 줄이고 효율을 높여 증기기관차를 개발했다. 이로써 한동안 숙제로 남아 있었던 석탄, 철강의 신속한 대량운송이 가능해졌다. 인간과 동물의 근육이나 운하나 바람 같은 자연의 힘은 이제 필요 없게 되었다. 과학과 기술의 힘이 세상을 바꾸기 시작했다. 1850년부터 영국 전체에 거미줄처럼 철로가 깔리게 되면서 아무리 먼 거리도 하루 만에 도달할 수 있게 되었다.

영국의 대표 음식이라 할 수 있는 '피시 앤 칩스'도 이때 만들어졌다. 먹는 음식이라고는 늘 지역에서 생산되던 재료로만 만들어 먹을 수밖에 없던 시대였다. 그러던 어느 날 철도역 근처 식당에서 열차로 갓 받은 신선한 생선과 함께 감자를 튀겨 '피시 앤 칩스'라는 메뉴로 내놓는 식당이 생겼다. 내륙에서는 꿈꾸기 어려운 생선을 본 근처의 노동자들에게 불티나게 팔리면서 곧 대표 음식이 되었다.

철도산업의 발전은 여행의 대중화도 이끌었다. 침례교 전도사였던 토마스 쿡은 전 유럽에 사통팔달 깔리고 있는 철도를 보면서 기발한 아이디어를 떠올렸다. 그는 1841년 레스터Leicester에서 금주 캠페인 참가자 500명을 모집하였다. 그리고 객차 9량을 전세 내어 점심을 포함한 가격인 1실링을 받고 참가자들을 인솔하여 11마일 떨어진 러프버러Loughborough까지 열차로 다녀오는 데 성공했다. 이후 그는 영국뿐 아니라 파리, 로마 심지어 고대 이집트 유적을 돌아보는 나일강 크루즈 관광 상품까지 내놓으면서 패키지 관광 시대를 열었다. 그전까지 여행은 부유층 자제나 모험가들의 전유물이었다. 이제 누구나 돈과 시간만 있다면 싸고 안전하고 편하게 여행을 즐길 수 있었다. 당시 사람들에게 세계라는 개념은 동네 언덕에서 내려다보이는 부분까지가 전부였다. 산업혁명으로 그들의 시야는 바다 너머 미지의 세계까지 확장되었다.

한편, 공장식 대량생산은 기존 가내 수공업 시대에 자유롭게 일하는 노동자들에게 근본적인 삶의 변화를 요구했다. 기계가 인간을 노동에서 해방해 주리라는 희망은 사라지고 오히려 기계에 예속되는 역설적인 상황이 발생했다. 노동자는 기계의 효율을 위해 정해진 시간에 함께 모여 일해야 했고, 그에 따른 많은 규칙으로 인해 노동에 얽매이면서 자유를 빼앗겨버렸다. 하루 14시간 이상의 고된 노동과 작업장에서의 안전사고, 아이들의 노동력 착취, 빈부 격차 증가는 산업화의 그림자로 남아 있었다. 노동환경이 대폭 개선되는 1850년까지 무려 한 세기라는 시간이 필요했다. 사람들은 삶에 여유가 생겼고 때맞춰 개발된 증기기관차와 증기선을 타고 세계를 여행했다.

세계는 급변한다. 산업 혁명기 세계적인 여행사로 성장했던 토머스 쿡이 시대의 흐름을 따라가지 못해 2019년, 170년 만에 문을 닫았다는 것은 꽤 상징적인 사건이다. 19세기 철도의 발달로 발 빠르게 대처해서 크게 성공했지만, 21세기 들어 모바일로 여행산업이 재편되는 상황에서 기민하게 대처하지 못한 것이 패착이었다.

오늘날 세계의 많은 경쟁자가 영국의 아성을 넘본다. 브렉시트로 유럽 연합을 탈퇴한 영국은 전보다 고립되어 외로워 보인다. 산업혁명으로 세상을 바꿨던 영국이 어떻게 오늘날의 위기를 극복하고 새롭게 도약할지 귀추가 주목된다.

커피,
잠들어 있던 이성을 깨우다

런던 거리를 걷다 보면 시민들이 커피 마시는 모습이 자주 목격된다. 홍차의 도시로 알려진 런던이지만 다양한 카페가 곳곳에 들어서면서 점차 음료 취향도 간편하고 빠르게 마실 수 있는 커피로 변하는 것 같다. 오늘날 카페는 단순한 음료 서비스를 넘어 다양한 사람을 만나 정보를 공유하고, 잠시 쉬면서 사색을 즐기는 등 중요한 사회공공 장소로 변모했다. 바쁜 현대인들에게 도시에 이보다 더 적합한 휴식공간은 없을 정도이다. 믿기 어렵겠지만 약 400년 전 런던에 처음 카페가 생겼을 때도 오늘과 비슷한 역동적인 모습이 연출되고 있었다.

∧ 17세기 런던에 소개된 커피로 인해 사람들의 이성은
깨어났고, 과학기술의 진보가 본격화되었다.

런던에 카페의 전신인 커피하우스가 생긴 것은 1652년이다. 런던의 무역업자 데니얼 에드워즈는 스미르나現 이즈미르에서 돌아올 때 커피콩 과 커피 제조기구와 함께 그리스 출신의 파스카 로제를 하인으로 고용 하여 런던으로 데려왔다. 그는 동료들에게 커피를 대접했는데 호응이 기 대 이상이자 세인트 미카엘스 엘리St. Michaels Alley의 어느 교회 경내에 노 점을 열기로 계획하고 자신의 하인 파스카 로제에게 운영을 맡겼다. 런 던 커피하우스의 역사적인 첫 출발이었다.

런던에서 커피는 처음에 약제로 소개되었다. 의사들이 커피가 알코올

중독을 해결할 수 있음을 밝혀내자 새로운 국면을 맞는다. 당시 런던 사회는 의회파와 왕당파의 내전으로 많은 사람이 죽었다. 내전이 끝나자 들어선 정권은 청빈한 삶을 강요해 시민을 피곤하게 만들었다. 주변 지인의 죽음으로 인한 비통한 마음과 억압당한 개인의 욕망을 해소하기 위해 시민들은 술에 의존하는 경우가 많았다. 이런 상황에서 커피가 알코올 의존에 대한 해결책으로 등장한 것이다.

의사들의 선언 이후 커피는 런던 사회에 구원투수로 등판하여 늘 술에 취해 감성적 삶을 살던 시민들을 이성의 영역으로 끄집어 올렸다. 극장이 많았던 코벤트 가든 근처를 중심으로 새로운 커피하우스가 생겨났다. 무역업자, 은행가, 선원, 예술가, 법관, 문인, 과학자, 의원들이 새로운 음료에 빠져들었고 그들의 이성은 깨어났다. 전에는 만날 수조차 없었던 서로 다른 분야의 사람들이 자연스럽게 커피하우스에서 마주쳤다. 곧이어 술집에서는 결코 찾아볼 수 없었던 진지하고 거대한 담론이 펼쳐졌다. 커피하우스에서 많은 뉴스가 소비되었고 또한 생산되었다. 이러한 분위기 속에 커피하우스가 주식거래소의 역할을 하게 된 것은 자연스러운 이치였다. 과거에는 뛰어난 재능을 가진 사람만이 인류의 탁월한 역사를 만들었다. 그러나 커피를 마시기 시작하면서 누구나 잠재력을 끌어내 비판적으로 생각하고 분석하고 창조할 힘을 갖게 되면서 역사의 주인공이 될 기회를 획득했다.

한편, 상대적으로 수입이 줄어든 알코올 업자들은 커피를 모함하며 흑색선전을 폈으나 커피의 인기는 식을 줄 몰랐다. 매일 술로 흥청거렸던 시민들이 커피를 접하면서 적극적으로 정치에 참여하자 정부는 긴장했다. 두려운 나머지 런던 법원은 1676년 한때 커피하우스를 폐쇄조치했으나 의회의 강력한 반발로 이내 무산되었다.

커피하우스의 인기는 18세기가 되면서 사그라들었다. 계층에 상관없이 누구나 주식, 보험, 증권 같은 정보를 얻을 수 있었던 커피하우스가 점차 폐쇄적으로 변했다. 산업화 성공으로 런던에 집중된 부를 더 많이 차지하기 위해 특정 그룹끼리만 정보를 공유하는 문화가 만들어진 것이다. 그들은 자신들만의 커피하우스를 오픈했고 회비를 내야만 그곳에서 정보를 얻을 수 있게 시스템을 바꿨다. 철도의 발달로 정원 딸린 집을 선호했던 중산층이 도시를 빠져나가 커피하우스 수요도 줄었다. 런던에서의 커피 유행은 반세기 만에 막을 내렸다.

혁신의 대명사 스티브 잡스는 "다양한 관심사를 가진 사람들이 우연히 마주치는 물리적 회합 장소에서 종종 새로운 아이디어가 태어난다"라고 언급했다. 그의 철학을 반영해 애플 사옥은 서로 다른 부서 사람들이 일부러라도 마주치게 설계되었다. 이처럼 런던의 초기 커피하우스는 다양한 사람들이 자연스럽게 만나 생각지도 못했던 아이디어가 탄생하고 야심 찬 도전들이 감행되던 역동적인 공간이었다. 그러나 커피하우스라는 공적 공간이 사라지자 사회 전반적으로 개인적이고 배타적인 문화가 조성되었다. 또한, 신분과 관계없이 누구나 어울릴 수 있는 시끌벅적한 공간은 대영제국의 위상에 어울리지 않는다는 생각이 퍼져나갔다. 그러자 런던은 체면만을 중시하는 한없이 따분한 곳으로 변해버렸다.

런던은 다시 변하고 있다. 도시 곳곳에 카페를 만들고 그곳에서 다양한 사람들이 자연스럽게 소통한다. 카페에서 생산된 다채로운 아이디어와 담론이 역동적인 사회 분위기를 만든다. 따뜻한 커피 한 잔이 경직되었던 런던에 새로운 활력을 불어넣는 마중물이 되었다.

홍차,
런던을 유혹한 동방의 정신

홍차는 여전히 런던 사람들이 가장 즐겨 마시는 음료다. 런던에서 커피가 불과 반세기 만에 유행을 마치고 사라지자 그 빈자리를 채웠던 음료가 차였다. 어떤 이유로 다른 유럽의 나라들이 커피의 풍미에 빠져있을 때 런던은 홍차의 매혹에 빠져든 것일까.

포르투갈 공주 캐서린이 영국 왕실로 시집올 때 가져온 차茶 문화가 귀족들을 중심으로 퍼져나간 것이 그 시작이었다. 커피는 남성의 음료였다. 그러나 차는 가족과 함께 즐길 수 있는 음료였기 때문에 수요가 갈수록 증가했다. 게다가 차의 맑고 투명한 색이 서양에서 흠모하던 동방의 고결한 정신과 맞닿아있다는 인식이 퍼지면서 품격과 예절을 중시하기 시작한 18세기 런던 시민을 매료시켰다.

런던에서 국민 음료가 커피에서 차로 바뀐 또 다른 이유는 해외 식민지와 관계가 깊다. 스페인, 포르투갈, 네덜란드에 비해 늦게 식민지 쟁탈전에 뛰어들었던 영국은 17세기부터 서인도 회사, 동인도 회사, 왕립 아프리카 회사를 설립하며 본격적인 대외무역과 식민지 경영을 시작한다.

18세기, 영국은 강력한 라이벌이었던 프랑스와 네덜란드를 대서양에서 몰아내고 카리브해와 북아메리카 지배권을 확립했다. 한편, 이 과정에서 발생한 막대한 전쟁 비용을 북아메리카의 식민지에 부과하면서 갈등을 야기했다. 결국 1773년, 보스턴 항구에 정박해 있던 영국 동인도 회사의 선박에서 342상자의 차가 바다에 버려지면서 영국과 식민지 간의 갈등은 폭발했다. 이 사건은 식민지 독립전쟁을 촉발했고, 영국을 죽도록 증오했던 프랑스와 네덜란드가 식민지를 지원했다. 영국은 전쟁에서 패했고 북아메리카 동부 연안 13개 식민지가 영국으로부터 독립하면서 미국 연방이 탄생했다.

영국은 대서양의 주요 무역기지를 잃었지만 낙담하기는 아직 일렀다. 태평양, 아프리카, 아시아 쪽에 개척해둔 식민지에서 그 손실을 만회할 수 있을 것이었다. 특히 영국에게 인도 제국은 황금알을 낳는 거위나 다름없었다. 당시 영국은 인도를 지배하던 무굴제국에 상거래를 허락받아 동인도회사를 설치하고 인도에서 세력을 확장해가고 있었다.

영국과 프랑스가 아메리카 대륙에서 벌였던 '7년 전쟁1756~1763' 기간 동안, 인도 전선에서도 두 나라는 대치 중이었다. '플라시 전투'에서 승기를 잡은 영국은 주요 면화 생산지였던 벵골지방을 차지하고 그곳에 동인도회사를 세운다. 이로써 본격적인 인도 침략의 발판이 마련되었다. 벵골지방에서 생산된 면화는 본국으로 대량 수출되어 면직물 산업이 발달할 수 있는 토대를 만들었다. 인도에서 공급되는 풍부한 원료를 바탕으로 영국의 산업혁명은 누구보다 빨리 꽃을 피울 수 있게 되었다.

19세기 중반 아편전쟁으로 중국에서 차 수입이 어려워졌다. 때마침 기쁜 소식들이 들려온다. 영국은 그전까지 중국 토양에서만 차나무가 자란다고 생각하고 있었는데, 인도 아쌈Assam 지방에서 자생하는 차나무가 발견된 것이다. 또한, 벵골지방의 다르질링에서 중국산 차나무 이식에 성공했다는 소식이 들려왔다. 게다가 실론現 스리랑카에서 차 플랜테이션을 성공시켜 대량생산 가능성을 열었다. 차 재배 기술은 계속 발전하여 전 세계 2/5의 영토를 가진 영국의 식민지 곳곳에서 차 생산이 시작되었다. 19세기 말에 이르면 인도와 실론에서 생산된 차가 독점적으로 본국으로 수입되었다. 더는 중국에만 차 무역을 의존할 필요가 없어졌다. 과거 소수에게만 허락되었던 차는 누구나 마실 수 있는 국민 음료로 등극

∧ 다르질링 차 밭. 19세기, 다르질링 지방에서 중국 차나무 이식에 성공하면서
영국은 본격적인 자체 차 생산에 박차를 가한다.

하게 되었다.

영국은 인도를 완전히 장악하려면 우선 그들의 정신을 말살시켜야 한
다고 생각했다. 처음에는 문화적으로 억압하고 탄압하는 강수를 뒀으나
결과는 쉽지 않았다. 군사적으로는 영국이 우월할지라도 4대 문명의 중
심지였던 인도의 문화나 정신까지 감히 지배하기란 쉽지 않았다. 오히려
인도에 갔던 영국인들이 인도의 언어와 문화에 매료되어 그 문화를 배
우려고 열성을 보이는 흥미로운 상황까지 발생했다.

이런 영향으로 부처와 명상, 고요와 평화, 단아함과 소박함으로 상징되는 차가 국민 음료로 지위를 굳혔다. 반면, 영국과 앙숙이었던 프랑스는 영국이 차를 고집할수록 이에 대응하여 커피를 고집하는 상황이 되었다. 오늘날 프랑스 어느 곳에서나 다양한 커피를 즐길 수 있는 이유다.

미국은 처음에는 영국의 영향으로 차 문화였다. 그러나 독립 후 영국의 영향력에서 완전히 벗어나고 싶었는지 커피로 돌아선다. 커피는 가까운 중남미 및 카리브해에서 싸고 쉽게 구할 수 있는 장점이 있기도 했다. 보스턴 차 사건이 없었다면 아직도 미국은 영국처럼 차를 마시고 있었을지도 모를 일이다.

하이드 파크,
세계 최초 만국박람회의 흔적

　　　　　20세기를 대표했던 영국의 대표적인 록 그룹인 롤링 스톤즈, 핑크 플로이드, 퀸이 대규모 야외 공연을 했던 곳이 하이드 파크다. 런던을 여행하며 필연적으로 만나게 되는 이곳은 가장 큰 왕립공원으로 그 크기만 340에이커^{약 423,500평} 정도 되는 엄청난 크기이다. 이 정도는 돼야 거장들의 공연을 감당할 수 있었을 것이다.

　런던의 허파 역할을 하는 하이드 파크는 오늘날 런던 시민들에게 가장 사랑받는 공원이다. 공연뿐만 아니라 정치집회 및 공식적인 국가행사가 치러지는 중요한 곳이기도 하다. 공원의 시작은 헨리 8세의 개인 사냥터가 100년 뒤인 1637년에 대중에게 공개되면서부터였다. 이로써 누구나 신분에 상관없이 공원을 즐길 수 있었다. 이러한 결정은 봉건적인 신분질서에서 아직 벗어나지 못했던 다른 유럽 국가들에게는 신선한 충격이었다.

하이드 파크가 세계적으로 알려진 결정적 계기는 1851년 런던에서 열린 만국박람회였다. 박람회 본 회의장으로 사용된 철과 유리로 설계된 수정궁은 규모_{길이 564m, 폭 124m, 높이 40m} 면에서 세인트폴 대성당의 3배나 될 정도로 거대했다. 지붕과 벽이 모두 투명한 유리와 철로 만들어져 그 이름처럼 수정처럼 빛났다. 이를 본 관광객은 런던의 기술력에 크게 감탄했다.

박람회를 위해 수정궁을 9개월 만에 완성한 자체가 산업화에 성공한 영국의 신화를 대변했다. 건설에 사용된 4,500t의 철과 29만 장의 판유리는 공장 기계화가 자리잡혀 대량생산이 가능했다. 철도산업의 발전으로 먼 거리에서도 자재를 안정적으로 공급받을 수 있었다. 수정궁 건설은 산업화의 상징인 유리와 철이 과연 전통적인 돌을 대체할만한 새로운 건축 재료가 될 수 있을지 그 가능성을 가늠해보고자 했던 도전이기도 했다. 이러한 도전은 밀라노의 '비토리오 에마누엘레 2세 갤러리아'와 파리의 '프티 팔레', '에펠탑' 등의 건축에 영감을 주었다.

∧ 로열 앨버트홀. 영국 최대 규모의 콘서트홀로 만국박람회 후 예술, 과학, 산업의 진보를 위해
사우스 켄싱턴에 건립되었다.

만국박람회는 대영제국의 식민지를 포함해 총 32개국에서 14,000개
의 전시 업체가 참여했다. 이들이 전시한 10만 점에 달하는 작품이 수정
궁을 가득 채웠다. 박람회 기간 600만 명이 다녀갈 정도로 행사는 성공
적이었다. 이때 벌어들인 186,436파운드의 수익금은 '사우스 켄싱턴' 지
역에 빅토리아 앨버트 박물관, 과학박물관, 자연사 박물관을 건립하는
데 사용되었다.

박람회 기간 런던의 사회 문화적 인프라는 더욱 발전했다. 처음으로

유료 공중화장실이 도입되었고, 도로 시설이 확충되었다. 이즈음 성장 가도를 달리던 토마스 쿡 여행사는 약 15만 명의 관람객을 유치하여 단체 패키지 관광을 정착시켰다. 이제 여행은 누구나 즐길 수 있는 취미 생활로 자리 잡았다. 이때부터 다른 국가들도 국제행사 개최의 사회, 경제적 파급효과를 깨닫고 경쟁적으로 만국박람회를 유치하기 시작해 현재까지 이어진다.

하이드 파크 한편에는 당시 수정궁이 설치되었던 흔적이 남아 당시의 열기를 상상해 볼 수 있다. 공원 맞은편 사우스 켄싱턴은 과학과 예술을 위한 공간으로 특화되었다. 21세기 영국의 미래를 이끌어갈 꿈나무들의 수많은 도전이 이곳에서 자라난다.

영국 박물관,
세계를 전시하다

보통 그 나라의 국립박물관은 자국의 유서 깊은 유물을 보존하고 전시한다. 이런 점에서 볼 때 대영 박물관은 독특하다. 런던에서 가장 많은 관광객이 찾는 이곳은 국립박물관이지만 정작 영국과 관련된 유물 이야기를 듣기는 힘들다. 주위를 둘러봐도 온통 다른 나라에서 들여온 유물을 설명하는 가이드뿐이다. 도대체 이곳에 무슨 일이 있었던 것일까.

영국 박물관은 의사이자 과학자였던 한스 슬로언경이 죽기 전 자신의 소장품을 당시 왕이었던 조지 2세George II, 재위 1727~1760에게 기증하면

∧ 엘긴 마블. 19세기 초 오스만 제국 주재 영국 대사였던 엘긴은
  그리스 파르테논 신전 4개의 벽면을 장식했던 부조 절반을 벽체 떼어갔다.

서 그 역사가 시작되었다. 식물표본과 장서를 제외하고도 8만 점에 달하는 엄청난 양이었다. 이후 현재 박물관이 들어서 있는 '몬테규 하우스Montagu House'로 컬렉션이 옮겨져 1759년에서야 일반인에게 공개되었다. 1793년 공개한 루브르 박물관보다 40년 정도 빠르지만, 이때는 파리처럼 대중에게 완전 개방이 아닌 학자들이나 특권층에 한정되어 있었다. 완전 개방은 100년이란 시간이 더 필요했다.

18세기 중반, "지금까지 누구보다 멀리, 뿐만 아니라 인간이 갈 수 있는 끝까지 나는 가고 싶다"라고 외쳤던 탐험가 제임스 쿡James Cook, 1728~1779은 세 번의 대양 항해를 통해 그동안 지구상에 드리워져 있던 미지의 장막을 모두 걷어냈다. 인간이 도달할 수 있는 끝까지 탐험한 것이다. 그는 새롭게 발견된 곳곳에 식민지를 선포했고 그곳에서 가져온 많은 자연사 표본과 기증품이 영국 박물관을 채웠다.

19세기 벽두에 박물관 성격이 180도 변하게 된 사건이 발생한다. 1802년, 고전 이집트보다 더 오래된 파라오 시대의 유물들이 박물관으로 대거 입고된 것이다. 이집트 전선에서 프랑스와 대치 중이었던 영국은 결국 승기를 잡았다. 프랑스군은 퇴각하면서 이집트에서 발굴했던 파라오 시대 유물을 영국에 넘겨줄 수밖에 없었다. 영국으로서는 손 안 대고 코 푼 격이었다. 이렇게 획득한 많은 유물 중에는 나일강 하류 로제타에서 발견된 돌, 일명 로제타석Rosetta Stone도 포함되어 있었다.

기원전 2세기 제작된 로제타석에 새겨진 세 개의 언어는 인류가 잃어버렸던 고대의 신비를 푸는 결정적인 열쇠가 될 터였다. 1822년 프랑스의 언어학자 샹폴리옹은 로제타석의 상형문자를 해독했고, 이로써 고대 이집트 문명의 수수께끼 봉인이 풀렸다. 로제타석을 보유한 영국 박물관은 단번에 세계 수준의 박물관으로 등극한다.

유홍준 교수는 『나의 문화유산 답사기_{중국 편}』에서 "그들은 총칼을 들이대기 전에 상인을 앞장세웠고 다음에 종교를 퍼뜨렸고 그다음에 학자들이 들어가 지리와 민속을 연구하면서 정보와 지식을 넓혔다"라고 지적했다. 19세기 들어 영국은 이와 같은 방법을 사용하여 동쪽으로 세력을 확대했고, 메소포타미아 지역에서 발굴된 고대유물과 중국 둔황에서 발견된 1만 점 이상의 고문서가 영국 박물관을 새롭게 채워갔다.

유럽 문명이 시작되었던 그리스도 여지없는 약탈 대상이었다. 당시 오스만 제국의 대사로 근무했던 토머스 엘긴은 아테네 파르테논 신전 4면의 상단 벽을 장식했던 부조를 벽체 뜯어가는 야만적 행동을 한다. 일명 '엘긴 마블Elgin Marbles'로 알려진 이 부조도 영국 박물관 품에 안겼다. 전 세계 인류 문명의 발상지에서 발굴된 최고 수준의 유물들이 영국 박물관 한 곳에 모이면서 단연 세계 최고 수준의 박물관으로 등극한다.

한편, 문화재를 빼앗겼던 많은 나라가 자신들의 정체성과 다름없는 문화재 반환을 위해 영국과 프랑스를 상대로 힘겨운 협상을 진행하고 있다. 최근 그리스 총리는 절대로 '엘긴 마블'을 돌려줄 수 없다는 영국에게 한층 완화된 협상 카드를 내밀었다. 총리는 "지금껏 그리스에서 한 번도 외부에 공개된 적 없는 최고의 유물을 전시할 수 있게 주겠다"라고 제안했으나 영국의 반응은 냉담했다. 자신들이 최상의 조건에서 유물을 관리하기 때문에 유물이 지금껏 온전한 상태로 남아 있을 수 있었다며 돌려주지 않는다. 다른 나라들이 요청하는 대로 다 들어줬다가는 박물관이 텅 비어버릴 수도 있다는 불안감이 유물을 돌려주지 않는 진정한 이유 아닐까.

사람과 마찬가지로 유물도 자신의 자리에 있을 때 가장 빛난다. 실제 현장에서 만난 유물이 박물관에서 봤을 때보다 더 큰 감동으로 다가올 것은 말할 필요도 없다. 영국도 자신의 자리에 남이 아닌 자신을 채워 넣을 때 지금보다 더욱 발전할 수 있다. 20세기 들어 영국은 산업화를 이어받은 미국과 일본에 추월당해 글로벌 리더의 자리를 내어주었다. 최근에는 유럽 연합에도 탈퇴하면서 유럽의 도움 없이도 홀로 설 수 있다는 메시지를 보냈다. 앞으로의 미래는 독단과 아집이 아닌 화합과 소통의 시대이다. 영국 박물관 유물이 자신의 자리를 찾아 고향으로 돌아갈 때야 비로소 영국은 새롭게 21세기의 리더로 자리매김할 수 있을 것이다.

길을 나가며

드디어 열 개의 길이 끝나는 지점에 도착해 서유럽이라는 거대한 숲을 한눈에 볼 수 있게 되었다. 이제 우리는 이 숲이 보통의 노력으로 만들어지지 않았다는 사실을 알게 되었다.

이민족의 침입으로 숲이 황폐해져 없어지기 일보 직전까지 가기도 했고, 화재로 잿더미로 변하기도 했다. 몇몇 거대한 힘이 획일화된 가치관으로 숲을 지배해 개성이 사라지기도 했고, 가공할만한 큰 규모의 전쟁으로 지구 전체가 자멸이라는 일촉즉발의 위기에 직면하기도 했다.

하지만 숲은 없어지지 않았다. 더는 가망이 보이지 않았던 곳에서 사람들은 포기하지 않고 다시 새로운 지식이라는 씨앗을 뿌렸다. 그리고 전보다 더욱 훌륭하고 울창한 숲을 만들었다.

어쩌면 서유럽이라는 숲은 '이상'이라는 이름으로 늘 그 자리에 한결같은 모습으로 있었는지 모르겠다. 유럽인들은 포기하지 않고 끊임없이 자신만의 방법으로 그 이상에 닿기 위한 길을 개척했고, 그 결과 오늘날의 개성 있는 열 개의 길이 만들어지지 않았을까.

길이 끝나는 곳에 다시 새로운 길이 시작된다. 하루하루 감당하기조차 버거운 나날이지만 지금껏 걸어왔던 열 개의 길이 새로운 희망의 길로 이어지길 바라며 뒤마 소설에 나오는 유럽의 역사처럼 온갖 시련과 역경을 이겨낸 몬테크리스토 백작의 깨달음으로 길었던 여정을 마무리하고자 한다.

"기다려라. 그리고 희망을 가져라."

참고
문헌

· E. H. 곰브리치, 『서양 미술사』, 백승길 외 옮김, 예경, 2017.

· G. F. 영, 『메디치 가문 이야기』, 이길상 옮김, 현대지성, 2017.

· 김경민, 『그들은 왜 문화재를 돌려주지 않는가』, 을유문화사, 2019.

· 김복래, 『프랑스역사 다이제스트100』, 가람기획, 2020.

· 김상근, 『삶이 축제가 된다면』, 시공사, 2020.

· 김상근, 『천재들의 도시 피렌체』, 21세기북스, 2010.

· 김언조, 『영국사 다이제스트100』, 가람기획, 2021.

· 김종법 · 임동현, 『이탈리아역사 다이제스트100』, 가람기획, 2018.

· 노시내, 『스위스 방명록』, 마티, 2015.

· 대영박물관, 『대영 박물관, 한글판』, 서원주 옮김, British Museum Press, 2004.

· 데이비드 하비, 『에펠』, 이현주 옮김, 생각의나무 2005.

· 로버트 O. 팩스턴, 『파시즘』, 손명희 · 최희영 옮김, 교양인, 2015.

· 로스 킹, 『미켈란젤로와 교황의 천장』, 신영화 옮김, 도토리하우스, 2020.

· 로스 킹, 『브루넬레스키의 돔』, 이희재 옮김, 세미콜론, 2007.

· 로저 뒤낭, 『앙리 뒤낭』, 대한적십자사 인도법연구소, 2011.

· 마크 스틸, 『혁명만세』, 박유안 옮김, 바람구두, 2008.

· 매슈 닐, 『로마, 약탈과 패배로 쓴 역사』, 박진서 옮김, 마티, 2019.

· 메리 매콜리프, 『벨 에포크, 아름다운 시대』, 최애리 옮김, 현암사, 2020.

· 메리 셸리, 『프랑켄슈타인』, 김선형 옮김, 문학동네, 2012.

· 미셸 리, 『런던 이야기』, 추수밭, 2015.

· 민혜련, 『장인을 생각한다 이탈리아』, 멘토르, 2014.

· 박지향, 『클래식 영국사』, 김영사, 2012.

· 벤 윌슨, 『메트로폴리스』, 박수철 옮김, 매일경제신문사, 2021.

· 빅토르 위고, 『레 미제라블』, 이형식 옮김, 펭귄클래식코리아, 2010.

· 슈테판 츠바이크, 『마리 앙투아네트 베르사유의 장미』, 박광자 · 전영애 옮김, 청미래, 2005.

· 스티븐 그린블랫, 『1417, 근대의 탄생』, 이혜원 옮김, 까치글방, 2013.

· 시오노 나나미, 『바다의 도시 이야기』, 정도영 옮김, 한길사, 1996.

· 알레산드로 마르초 마뇨, 『책공장 베네치아』, 김정하 옮김, 책세상, 2015.

· 앙드레 모루아, 『프랑스사』, 신용석 옮김, 김영사, 2016.

· 앙리 뒤낭, 『휴머니타리안』, 이소노미아 편집부 옮김, 이소노미아, 2020.

· 에드워드 기번, 『로마제국쇠망사』, 송은주 옮김, 민음사, 2010.

· 월터 아이작슨, 『레오나르도 다빈치』, 신봉아 옮김, 아르테, 2019.

· 이영석, 『영국사 깊이 읽기』, 푸른역사, 2016.

· 장 마생, 『로베스피에르』, 양희영 옮김, 교양인, 2005.

· 장철균, 『스위스에서 배운다』, 살림, 2013.

· 전수연, 『베르디 오페라, 이탈리아를 노래하다』, 책세상, 2013.

· 정광식, 『영광의 북벽』, 이마운틴, 2017.

· 정태남, 『건축으로 만나는 1000년 로마』, 21세기북스, 2013.

· 제임스 E. 매클렐란 3세 외, 『세계사 강의』, 전대호 옮김, 모티브북, 2006.

· 조르조 바사리, 『르네상스 미술가 평전』, 이근배 옮김, 한길사, 2018.

· 조르주 보르도노브, 『나폴레옹 평전』, 나은주 옮김, 열대림, 2008.

· 조홍식, 『문명의 그물』, 책과함께, 2018.

· 존 줄리어스 노리치, 『비잔티움 연대기』, 남경태 옮김, 바다출판사, 2007.

· 주경철, 『도시여행자를 위한 파리x역사』, 휴머니스트, 2019.

· 토마스 만, 『베니스에서의 죽음』, 안삼환 옮김, 민음사, 1998.

· 티투스 리비우스, 『로마사』, 이종인 옮김, 현대지성, 2018.

· 팜 브라운, 『비발디』, 교원, 2004.

· 푸블리우스 코르넬리우스 타키투스, 『연대기』, 박광순 옮김, 종합출판범우, 2005.

· 프리드리히 폰 쉴러, 『빌헬름 텔』, 이재영 옮김, 을유문화사, 2009.

· 하인리히 에두아르트 야콥, 『빵의 역사』, 곽명단 · 임지원 옮김, 우물이있는집, 2005.

· 하인리히 에두아르트 야콥, 『커피의 역사』, 박은영 옮김, 우물이있는집, 2005.

· 후지사와 마치오, 『이탈리아에서 역사와 이야기는 같은 말이다』, 임희선 옮김, 일빛, 2005.

기타 참고

· "그리스 총리 '파르테논 조각상 돌려주면, 英에 그리스 최고 유물 전시'", 뉴시스, 2019년 9월 1일.

· 위키피디아, https://en.wikipedia.org/wiki/Main

· 위키피디아, https://ko.wikipedia.org

로마에서 런던까지 이어지는
서유럽 역사 여행기

유럽 열 개의 길

초판 1쇄 발행 2021년 12월 10일
초판 4쇄 발행 2022년 3월 11일

지은이 이상엽
발행인 채종준

출판총괄 박능원
편집장 지성영
책임편집 김채은
디자인 김예리
마케팅 문선영 · 전예리
전자책 정담자리

브랜드 크루
주소 경기도 파주시 회동길 230 (문발동)
문의 ksibook13@kstudy.com

발행처 한국학술정보(주)
출판신고 2003년 9월 25일 제406-2003-000012호

ISBN 979-11-6801-180-9 03920